Schwarzbuch Deutscher Bundestag

16. Wahlperiode

VAWS-Pressebüro-West

Dieses Buch ist vor Drucklegung dahingehend geprüft worden, dass weder Inhalt noch Aufmachung irgendwelche BRD-Strafgesetze verletzen oder sozialethische Verwirrung unter Jugendlichen auslösen.

© VAWS • Postfach 101350 • D-47013 Duisburg

Telefon 0208-5941661 • Telefax 0208-5941669

vaws-musicfactory@t-online.de • www.vaws.de

1. Auflage August 2007

ISBN 10: 3-927773-53-0

ISBN 13: 978-3-927773-53-0

»Unser Rechtsstaat kann von Extremisten bekämpft und von Terroristen angegriffen werden. Gefährdet werden kann er nur von denen, denen er anvertraut ist«

Burkhard Hirsch (FDP) laut »Westdeutsche Allgemeine Zeitung« vom 7.5.1977, Burkhard Hirsch ist Jurist und Bürgerrechtler. Er war von 1975 bis 1980 Innenminister des Landes Nordrhein-Westfalen und von 1994 bis 1998 Vizepräsident des Deutschen Bundestages.

Vorwort

Das Schwarzbuch Deutscher Bundestag, herausgegeben vom VAWS-Pressebüro stellt sich in die Reihe der bisher veröffentlichten Schwarzbücher. In diesem Buch veröffentlichen wir aus unserer Sicht Negativbeispiele für Abgeordnete des Deutschen Bundestages, Hintergründiges, prangern »kosmetische Behandlungen« in den Abgeordnetenbiografien an und legen die reale Vergangenheit mancher Abgeordneter offen. Natürlich nennen wir auch jene Bundestagsabgeordneten die straffällig geworden sind, bzw. gegen die staatsanwaltschaftliche Ermittlungen eingeleitet wurden.

In der Anlage dokumentieren wir weitgehend unbekannte Hintergründe zu den Parteien, um auf die mögliche Gefahr hinzuweisen, die von dem einen oder anderen Abgeordneten ausgehen könnte. Aber nicht nur dies, denn eigentlich sollten sich viele Abgeordnete mit der Vergangenheit ihrer Partei identifizieren, weil sich z. B. bei »Die Linke« nur wenige öffentlich von dem Verbrecherregime der SED-Diktatur distanzieren, bei der Aufklärung der SED-Verbrechen behilflich sind und sich für die Opfer der Jahrzehnte dauernden DDR-Diktatur einsetzen. Somit liegen zur Beurteilung vieler Abgeordneten interessante Fakten vor.

Das Schwarzbuch Deutscher Bundestag erhebt den Anspruch, eine wichtige Ergänzung zu den Verfassungsschutzberichten der Verfassungsschutzämter in der Bundesrepublik Deutschland und den regulären Handbüchern des Deutschen Bundestages zu sein.

Das Schwarzbuch Deutscher Bundestag, herausgegeben vom VAWS-Pressebüro, soll in Zukunft in jeder Legislaturperiode des Deutschen Bundestag überarbeitet und ergänzt neu erscheinen, daher sind wir für Hinweise und Dokumente dankbar, die bisher in diesem Buch keine Erwähnung finden. Wir starten diese Buchreihe mit der 16. Wahlperiode des Deutschen Bundestages von 2005 bis 2009.

Wir freuen uns mit dieser Veröffentlichung - trotz aller Widerstände - eine besondere und wohl einzigartige Dokumentation vorlegen zu können.

Bartsch, Dr. Dietmar - Die Linke (31.3.1958)

1977	Eintritt in die SED
1983-1986	Tätigkeit im Verlag »Junge Welt«
Seit 1990	Mitglied der PDS
1990-1991	Geschäftsführer des Verlags »Junge Welt GmbH«
1991-1997	Bundesschatzmeister der PDS
1997-2002	Bundesgeschäftsführer der PDS
1998-2002	Mitglied des Deutschen Bundestages
2004-2005	Geschäftsführer der Tageszeitung »Neues Deutschland«
Seit 2005	Bundesgeschäftsführer »Die Linke«
Seit 2005	Mitglied des Bundestages

Auszug aus einem PDS-Werbeprospekt

Während die Abgeordnetenbiografie Dr. Dietmar Bartschs in der 14. Wahlperiode des Deutschen Bundestages noch Aufschluss über die SED-Vergangenheit und seine Tätigkeiten für den einstigen DDR-Vorzeigeverlag »Junge Welt« in den 1980er Jahren gab, sind entsprechende Vermerke in der aktuellen Abgeordnetenbiografie des Deutschen Bundestages nicht mehr zu finden. PDS-Vergangenheitsbewältigung »light«.

Interessant ist natürlich, dass Bartsch schon zu DDR-Zeiten Mitarbeiter des einstigen FDJ-Zentralorgans »Junge Welt« war, deren Geschäftsführer er in den 1990er Jahren wurde. Für die Tageszeitung »Die Welt« ist die »Junge Welt« das Sammelbecken für ewiggestrige Linke, offizielle und informelle Mitarbeiter der Stasi sowie Ex-Spione aus allen Teilen Deutschlands. Die »Junge Welt« wurde 1947 in der Sowjetischen-Besatzungs-Zone gegründet und war die auflagenstärkste Zeitung in der SED-Diktatur. Einschätzung des Verfassungsschutzes zufolge pflegt die Zeitung »eine traditionskommunistische Ausrichtung und propagiert die Errichtung einer sozialistischen Gesellschaft«. Weiterhin vertritt der Verfassungsschutz die Ansicht, dass ein Großteil der Redaktion dem »linksextremistischen Spektrum« zugeordnet werden könne.

In die Kritik geriet die Zeitung besonders aufgrund der Beschäftigung von früheren Inoffiziellen Mitarbeitern (IM) des Ministeriums für Staatssicherheit (MfS) der DDR als Redakteure und Mitarbeiter. So war der Chefredakteur Arnold Schölzel unter dem Decknamen »André Holzer« langjährig als IM tätig. Peter Wolter, Ressortleiter Innenpolitik, wurde als Westjournalist für die Weitergabe von Informationen zu einer Bewährungsstrafe verurteilt. Der ehemalige Spion Rainer Rupp arbeitet als Autor für die »Junge Welt«.

Der Abgeordnete Dietmar Bartsch, »Die Linke«/PDS, die »Junge Welt« und das einstige SED-Organ »Neues Deutschland« finden Erwähnung im Verfassungsschutzbericht 2006 des Bundesamtes für Verfassungsschutz unter der Kategorie »Linksextreme Bestrebungen und Verdachtsfälle«.

»Ich freue mich, dass wir eine Kommunistische Plattform haben und dass es auch radikale Linke bei uns gibt.«

Dietmar Bartsch in »Neues Deutschland« vom 29./30. April 2006

Quellen: »Die Welt« vom 31.3.2007, www.wikipedia.de, Verfassungsschutzberichte 2005 und 2006, www.bundestag.de

Bernhardt, Otto - CDU (13.2.1942)

1958	Eintritt in die Junge Union
1960	Eintritt in die CDU
Seit 1970	Mitglied des Landesvorstandes der CDU Schleswig-Holstein
1971-1984	Mitglied des Schleswig-Holsteinischen Landtages
Seit 1998	Mitglied des Deutschen Bundestages

Mitten im Landtagswahlkampf trübte eine Peinlichkeit die Stimmung in der CDU Schleswig-Holsteins. Die Tageszeitung »Die Welt« berichtete von einer Strafanzeige, welche die Ehefrau des CDU-Landtagsabgeordneten Trutz Graf Kerssenbrock gegen den Bundestagsabgeordneten Bernhardt wegen Nötigung erstattet hat.

Dagmar Gräfin Kerssenbrock warft Bernhardt Erpressung vor. Die Staatsanwaltschaft in Kiel leitete die Ermittlungen gegen den Bundestagsabgeordneten ein und sah laut einem Aktenvermerk den Verdacht als erhärtet an: »Als Zwischenergebnis lässt sich damit feststellen, dass das angezeigte Verhalten sich als Nötigung gemäß § 240 StGB darstellt.« Bernhardt soll die Rücknahme einer Beschwerde erzwungen haben mit der Drohung, sonst werde der Graf keine Chance auf einen aussichtsreichen Listenplatz haben.

Quellen: »Focus« Nr. 35/2004, »Die Welt« vom 23.8.2004, www.bundestag.de

Biski, Dr. Lothar - Die Linke (17.8.1941)

Seit 1955	FDJ
1959	Übersiedlung in die DDR
Seit 1963	Mitglied der SED
1980-1986	Akademie für Gesellschaftswissenschaften beim Zentralkomitee der SED
1989	Leiter der Abteilung Kultur im Zentralkomitee der SED
1989-1991	Mitglied des Präsidiums der SED/PDS
1990	Abgeordneter der Volkskammer der DDR
1990-2005	Mitglied des Landtages Brandenburg
1991-1993	Landesvorsitzender der PDS Brandenburg
1991-2003	Mitglied des Verwaltungsrates des »Ostdeutschen Rundfunks Brandenburg« (ORB)
1993-2000	Bundesvorsitzender der PDS
2003	Bundesvorsitzender der PDS
2005	Mitglied des Deutschen Bundestages

Seit 1995 ist bekannt, dass die Abteilung »Hauptverwaltung Aufklärung« (HVA) der Stasi, zuständig für Auslandspionage, Lothar Bisky als Inoffiziellen Mitarbeiter (IM) führte. Der PDS-Politiker bestritt in der Presse immer, wissentlich für die Behörde gearbeitet zu haben. Weitere Unterlagen, die 2003 gefunden wurden, belegen, dass Bisky unter dem Decknamen »Bienert« geführt wurde. 1987 soll noch ein zweiter Name für ihn angelegt worden sein, »Klaus Heine«. Viel mehr ist den bisher gefundenen Akten nicht zu entnehmen. Einschätzungen und Analysen soll Bisky in den siebziger Jahren angefertigt haben. Er will niemals Personen ausspioniert, sondern nur übliche Reiseberichte verfasst haben. In den Akten seiner Frau wurde er jedoch ebenfalls als Inoffizieller Mitarbeiter (IM) genannt. Zudem gibt es Briefe der »Hauptverwaltung Aufklärung« (HV von 1980 und 1986, in welchen Bisky als zuverlässiger Genosse beschrieben wird, der sich immer an Anweisungen gehalten haben soll. Auch wenn es keine eindeutigen Beweise dafür gibt, dass Bisky eine Verpflichtungserklärung unterschrieben hat, so ist es offensichtlich, dass die Stasi an ihm als Informant im Ausland interessiert war. Um so ironischer erscheint so seine Rolle als Vorsitzender im Untersuchungsausschuss gegen Manfred Stolpe. Der Ausschuss beschäftigte sich mit den Stasi-Vorwürfen gegen Stolpe.

Im April 1998 wurde Lothar Bisky vom Berliner Landgericht des Hausfriedensbruchs schuldig gesprochen. Das Gericht verurteilte Bisky zu einer Geldstrafe in Höhe von mehreren tausend DM. Bisky hatte 1994 aus Protest gegen eine an die PDS gerichtete Steuerforderung in Höhe von 67 Millionen DM Räume des Bundesministeriums in Berlin besetzt.

Im Oktober 2004 verurteilte das Münchner Landgericht Lothar Bisky und Peter Porsch (PDS) dazu, ihren Vorwurf, die Berichterstattung des Nachrichtenmagazins »Focus« sei eine »elende« oder »unerhörte Geschichtsfälschung« jeweils durch eine Pressemeldung als »unwahr« zu widerrufen.

Auslöser war ein Bericht über die Vergangenheit von Hans Lauter, den die sächsische PDS als Delegierten in die Bundesversammlung zur Wahl des Bundespräsidenten entsandt hatte. Das damalige Mitglied der SED-Bezirksleitung hatte am 13.1.1964 nach »Focus«-Berichten im Zusammenhang mit der Sprengung der Leipziger Paulinerkirche einen so genannten Maßnahmenplan zur öffentlichen Rechtfertigung der Sprengung erarbeitet. PDS-Chef Bisky bezeichnete die Darstellung als »elende Geschichtsfälschung«.

Quellen: www.mdr.de, Berliner Zeitung vom 31.7.2003, die tageszeitung vom 4.4.1998, www.focus-magazin-verlag.de vom 5.3.2007

Blank, Renate - CSU (6.8.1941)

Seit 1974	**Mitglied der CSU**
1984-1990	**Stadträtin in Nürnberg**
Seit 2005	**Mitglied des Deutschen Bundestages**

Die Bundestagsabgeordnete der CSU, Renate Blank, war in die Bonusmeilenaffäre verwickelt. Pressemeldungen zufolge soll sie Australien-Flüge für sich, ihren Ehemann und den Sohn über ihr Bonusmeilen-Konto gebucht haben. Blank habe dagegen erklärt, alle für diese Flüge eingesetzten Bonusmeilen habe sie durch private Flüge und Einkäufe mit ihrer Lufthansa-Kreditkarte und mit den »wenigen privaten Flügen der Familie« erworben. Das ermittelte Ergebnis der Tageszeitung »Bild«: Da es für jeden Euro Umsatz mit der Kreditkarte eine Bonusmeile gibt, hätte sie für fast 500.000 Euro mit einer Kreditkarte einkaufen müssen.

Quellen: RP-Online vom 1.8.2002, www.bundestag.de

Bluhm, Heidrun - Die Linke (18.1.1958)

1976-1981	Mitarbeiterin der FDJ-Kreisleitung
1977	Eintritt in die SED
1978-1999	Hauptamtliche Tätigkeiten bei der FDJ, FDGB, SED und SED/PDS
1988-1990	Lehrer für Marxismus-Leninismus, Institut des ZK der SED Schwerin
1990-1991	Landesvorstand der PDS Mecklenburg-Vorpommern
Seit 2005	Mitglied des Deutschen Bundestages

Bluhms Bericht a

Ausgabe 01/2007 2. Jahrgang

Heidrun Bluhm

G8-Gipfel: Friedlicher Protest für eine b

Vom 6.–8. Juni 2007 findet in Heiligendamm bei Rostock der Gipfel der acht machtigsten Industriestaaten (Gruppe der Acht, G8) statt. Hinter Stacheldraht und dem größten Polizeiaufgebot, das Mecklenburg-Vorpommern je erlebte, schotten sich die Regierungschefs der G8-Staaten ab. Die Arbeiten für den Bau des 12,5 Millionen Euro teuren

und fordern
auf, effektiv
greifen. Wir
tigste Form
tes, damit
mit ihren po
durchdringt.
Aber nicht n
gilt es zu s
schätzten 9
samtaustrar

Auszug aus »Bluhms Bericht aus Berlin«

Mit Heidrun Bluhm sitzt eine weitere ehemalige SED-Genossin im Deutschen Bundestag. Trotz ihrer kommunistischen Vergangenheit ähneln ihre Funktionen in Unternehmen eher denen eines Kapitalisten: Ehemalige Aufsichtsratsvorsitzende der Nahverkehr Schwerin GmbH, Aufsichtsratsvorsitzende der Schweriner Abfall- und Entsorgungsgesellschaft mbH, Mitglied im Aufsichtsrat der WIRO (Wohnungsunternehmen Rostock), 1996-2002 Geschäftsführende Gesellschafterin der Schmidt & Bluhm Planungs- und Projektmanagementgesellschaft mbH und von 1994 bis 2002 Mitgesellschafterin der Bluhm & Bluhm Immobilienverwertungs- und Verwaltungsgesellschaft.

Quellen: www.heidrun-bluhm.de, www.bundestag.de

Bulling-Schröter, Eva - Die Linke (22.2.1956)

1974	Eintritt in die Deutsche Kommunistische Partei (DKP)
Seit 1990	Mitglied der PDS
Seit 2000	Landessprecherin der PDS in Bayern
1994-2002	Mitglied des Deutschen Bundestages
Seit 2005	Mitglied des Deutschen Bundestages

Mit der Abgeordneten Eva Bulling-Schröter sitzt eine weitere Kommunistin seit Jahren im Deutschen Bundestag. Laut der Bundestagsdrucksache 16/5455 soll die Fraktion »Die Linke«, darunter auch Eva Bulling-Schröter vom Verfassungsschutz beobachtet werden. Wichtige Kräfte in der Linkspartei kommen aus der DKP, der Deutschen Kommunistischen Partei, die noch heute in der Tradition des sowjetischen Kommunismus stehen soll. Die Bundestagsabgeordnete Eva Bulling-Schröter, trat bereits 1974 in die DKP ein.

Quellen: www.bulling-schroeter.de, www.heute.de vom 23.10.2005, Bundestagsdrucksache 16/5455, www.bundestag.de

Bunge, Dr. Martina - Die Linke (18.5.1951)

1978	Fernstudium zur Diplom-Lehrerin für Marxismus-Leninismus
1980	Eintritt in die SED
1986-1989	Aspirantin an der Akademie für Gesellschaftswissenschaften beim Zentralkomitee der SED in Berlin
1996-2000	Stellvertretende Vorsitzende des PDS-Landesverbandes Mecklenburg-Vorpommern
1998-2005	Abgeordnete im Landtag von Mecklenburg-Vorpommern und Ministerin für Gesundheit und Soziales in der Landesregierung Mecklenburg-Vorpommern
Seit 2004	Vorsitzende des PDS-Kreisverbandes Wismar
Seit 2005	Mitglied des Bundestages und Vorsitzende des Ausschusses für Gesundheit

Wer ist Isor e.V.? Isor e.V. ist die Initiativgemeinschaft zum Schutz der sozialen Rechte ehemaliger Angehöriger bewaffneter Organe und der Zollverwaltung der DDR. Der Titel spricht Bände und erübrigt jeden weiteren Kommentar.

Isor e.V. pflegt enge Beziehungen zur Bundestagsfraktion »Die Linke«. An der Vertreterversammlung im November 2005 nahm laut Vereinsblatt die Bundestagsabgeordnete Martina Bunge (Die Linke) teil, die dem Ausschuss für Arbeit und Soziales angehört. Eine Anhörung des Ausschusses beschäftigte sich mit der Besserstellung von DDR-Funktionären bei der Rentenzahlung, die in ihrem Dienst schwerstbeschädigt wurden. »Die Linke« hatte als Sachverständigen Isor e.V.-Vize Wolfgang Edelmann geladen. Der 70-Jährige lehrte einst an der Stasi-Hochschule Potsdam; letzter Dienstgrad: Oberst. Nachdem jedoch Zeitungen darüber berichtet hatten, verzichtete Edelmann auf seinen Auftritt.
Auch Martina Bunge gehört zu jenen Abgeordneten mit einer SED-Vergangenheit. Sie war bereits zu jener Zeit Mitglied dieser Partei, als in dem diktatorischen SED-System noch Oppositionelle - oder was die DDR dafür hielt - hingerichtet wurden!

Quellen: www.stasiopfer.de, www.isor-sozialverein.de, www.bundestag.de

Claus, Roland - Die Linke (18.12.1954)

1976-1989	Diverse Funktionen in der FDJ
Seit 1978	Mitglied der SED
1990-1991	Bezirksvorsitzender der PDS in Halle (Saale)
1990	Mitglied der DDR-Volkskammer
1990-1998	Mitglied des Landtages von Sachsen Anhalt
1991-1997	PDS-Landesvorsitzender in Sachsen-Anhalt
1998-2002	Mitglied des Deutschen Bundestages
Seit 2005	Mitglied des Deutschen Bundestages
2000-2007	Vorsitzender der PDS-Fraktion/Fraktion »Die Linke«

Von 1978 bis zum Sturz der SED-Diktatur in der DDR war der Bundestagsabgeordnete Roland Claus (»Die Linke«) in diversen Funktionen bei der FDJ tätig, u. a. war er erster FDJ-Bezirkssekretär in Halle (Saale). Noch im Herbst 1989 wurde er als Nachfolger von Hans-Joachim Böhme zum letzten 1. Sekretär der SED-Bezirksleitung Halle gewählt.

Der Bundestagsausschuss für Wahlprüfung, Immunität und Geschäftsordnung hat am 9. November 2006 eine inoffizielle Tätigkeit des Abgeordneten Roland Claus (»Die Linke«) für das Ministerium für Staatssicherheit der DDR als erwiesen angesehen.

Das Überprüfungsverfahren wurde eingeleitet, nachdem die Bundesbeauftragte für Stasi-Unterlagen, Marianne Birthler, dem Bundestagspräsidenten mitgeteilt hatte, sie habe eine inoffizielle Tätigkeit des Abgeordneten Claus für die DDR-Staatssicherheit festgestellt. Der dazugehörige Aktenbestand habe zehn Seiten und umfasst den Zeitraum 1976-1989. Dem Bericht zufolge lagen dem Ausschuss hinsichtlich der Erfassung des Abgeordneten Roland Claus als »IM Peter Arendt« unter der identischen Registriernummer die »Klarnamenkarteikarte« und die »Vorgangskarteikarte«, sowie der Auszug aus der SIRA-Datenbank vor. Außerdem existierten ein Teil eines Schriftwechsels zwischen Diensteinheiten des MfS über Roland Claus, sowie ein Bericht der Hauptabteilung XX des MfS. Die Existenz dieser Unterlagen, so der Ausschuss, lasse sich nicht anders erklären, als dass Roland Claus für das MfS tätig war.

Ein Aktenstück bezieht sich auf eine Brief zum »Kaderauftrag 1796« und hat folgenden Inhalt: »Claus, Roland, geb. am 18. Dezember 1954 in Hettstedt ist für unsere Diensteinheit positiv erfasst. C. leistete in der bisherigen inoffiziellen Zusammenarbeit eine zuverlässige Arbeit. (...) Zum vorgesehenen Einsatz in die Kaderreserve des ZK der SED bestehen durch uns keine Einwände. gez. Beyer, Oberst, stellv. Leiter der Abteilung«.

Bei den vorgelegten zehn Seiten handelt es sich um folgende Dokumente: Karteikarte F 16 und F 22, jeweils Vorderseite (Anl. 1.1, Bl. 1-2); Auszug aus der SIRA-Datenbank TDB 21 (Anl. 1.2); Schreiben der HVA vom 7.5.1982 (mit Kopie des Aktendeckels der AP-Akte (Anl. 1.3, Bl. 1-2)); Bearbeitungsbogen (mit Kopie des Deckblatts vom Material der HA XX (Anl. 1.4, Bl. 1-2)); Bericht der HA XX zu Roland Claus vom 6.1.1989 (Anl. 1.5, Bl. 1-3).

Jawohl, sagt PDS-Fraktions-Chef Roland Claus, wenn Schröder fordere, die DDR-Vergangenheit dürfe nicht auf die Stasi reduziert werden, entspreche dies genau der PDS-Auffassung. Roland Claus bestritt seine Tätigkeit für die Stasi.

Quellen: www.wdr.de vom 13.3.2002, Das Parlament vom 20.11.2006, www.wikipedia.de, www.bundestag.de

Dehm, Dr. Diether - Die Linke (3.4.1950)

1966-1998	Mitglied der SPD
1994	Mitglied des Deutschen Bundestages
1999-2003	Stellvertr. Bundesvorsitzender der PDS
Seit 2003	Landesvorsitzender »Die Linke« in Niedersachsen
2005	Mitglied des Deutschen Bundestages

In einem Verfahren am Landgericht Frankfurt am Main wurde 1996 nachgewiesen, dass der PDS-Politiker Diether Dehm in der Zeit von 1971 bis 1978 für das Ministerium für Staatssicherheit tätig war. Aus seiner Stasi-Akte geht hervor, dass er Informationen über die hessische SPD, die Universität Frankfurt, Menschenrechtsorganisationen und auch über Künstlerkreise lieferte. Er schreckte nicht einmal davor zurück, den mit ihm befreundeten Liedermacher Wolf Biermann auszuspionieren. Vor dem Urteil des Landgerichts hatte Dehm versucht, mithilfe von gerichtlichen Verfügungen, seine Tätigkeiten zu vertuschen. Als früheres Mitglied der SPD entging er einem Parteiordnungsverfahren, indem er seine Parteiämter niederlegte.

Quellen: ju-niedersachsen.de vom 17.2.2004, www.bundestag.de

Dressel, Dr. Carl-Christian - SPD (24.6.1970)

1985	Mitglied der SPD
1996	Mitglied des Stadtrates in Coburg
2000	Vorsitzender des Ortsvereins Coburg-S.
2003	Vorstand im Landesverband der SPD in Bayern
2005	Mitglied des Deutschen Bundestages Stellv. Vorsitzender des Ausschusses für Wahlprüfung, Immunität und Geschäftsordnung

Die rheinischen Korruptionsfahnder haben einen Vorgang um den Coburger Bundestagsabgeordneten und Vizevorsitzenden des Immunitätsausschusses Carl-Christian Dressel (SPD), an die Staatsanwaltschaft Hof weitergeleitet. Dressel, der auch im Aufsichtsrat der Überlandwerke sitzt, soll auf E.ON-Kosten (4.500 Euro) 2003 eine dreitägige Reise zu einer norwegischen Bohrinsel gemacht haben.

Dressel selbst ist sich keiner Schuld bewusst: »Ich habe doch gar nicht gewusst, was die Fahrt gekostet hat.« Die Staatsanwaltschaft Hof soll überprüfen, ob es sich bei dieser Reise um eine sogenannte »Lustreise« handelt.

Der Immunitätsausschuss, darunter eben auch Dressel, hatte im Februar bereits die Aufhebung des Ermittlungsschutzes für Bundestagsabgeordnete im Fall des SPD-Bundestagsabgeordneten Bernd Scheelen abgelehnt. Der Parlamentarier, der auch Krefelder Bürgermeister ist, hatte mit seiner Frau an einem Essen anlässlich des Führungswechsels bei den Krefelder Stadtwerken (SWK) teilgenommen. Der gesamte SWK-Aufsichtsrat ließ es sich im Weltkulturerbe »Zeche Zollverein« in Essen schmecken. Die Kosten für das Event in Höhe von knapp 9300 Euro hatten laut »Focus« die Stadtwerke übernommen, darunter auch noch zwei Eintrittsgutscheine für Scheelen für einen Besuch eines Musicals.

Quellen: »Focus«, vom 24.3.2007, Westdeutsche Zeitung vom 26.3.2007, www.bundestag.de

Eichel, Hans SPD (24.12.1941)

Seit 1964	**Mitglied der SPD**
1969-1972	**Stellvertretender Bundesvorsitzender der Jusos**
1975-1991	**Oberbürgermeister von Kassel**
Seit 1984	**Mitglied des Parteivorstandes**
Seit 1989	**Landesvorsitzender der SPD in Hessen**
Seit 1991	**Mitglied des SPD-Bundesvorstandes**
1991-1999	**Ministerpräsident des Landes Hessen**
1999-2005	**Bundesminister der Finanzen**
Seit 2002	**Mitglied des Deutschen Bundestages**

Michael J. Inacher stellte schon in der »Welt« vom 27.12.2000 über Hans Eichel fest: »Der Mann pflegt sein Image wie seinen Augapfel«. Aber seine Sparschweine auf dem Schreibtisch »Model Standard« können nicht darüber hinwegtäuschen, dass Eichels Image angekratzt ist und seine frühere Finanzpolitik zu wünschen übrig lässt, denn mit dem Sparen hat es auch der Herr Ex-Bundesfinanzminister nicht sonderlich:

Eichels Bescheidenheit als hessischer Ministerpräsident: Natürlich war es nur ein Zufall, dass ausgerechnet eine Freundin der Familie Eichel in Kassel ein Architekturbüro betrieb und wegen dringender Umgestaltung der Dienstvilla des Ministerpräsidenten eine Architektin gesucht und in dieser Freundin gefunden wurde. Böse Zungen vermuteten Vetternwirtschaft. Dass Eichel dabei Ausschreibungskriterien unberücksichtigt gelassen haben soll, ist allerdings dem Rechnungshof sauer aufgestoßen, denn der hat einen Verstoß gegen die Ausschreibungsbestimmungen festgestellt.

Fest steht, dass die Dienstvilla von Eichel für ca. 750.000 Euro verschönert wurde. Die Kastanie im Vorgarten der Dienstvilla wurde für »nur« ca. 2.000 Euro gepflanzt. Wie das Bundesministerium der Finanzen am 14. November 2003 mitteilte, war die Pflanzung der Kastanie eine Auflage der Stadt Wiesbaden. Ob die Kosten in Höhe von ca. 2.000 Euro für die Kastanie auch eine Auflage der Stadt Wiesbaden war, war dem Brief nicht zu entnehmen.

Aufgeflogen: Auch Eichels Wochenendflüge von Berlin in das heimische Hessen haben einen faden Beigeschmack. Denn nach Recherchen der »Welt« soll Eichel einer der intensivsten Nutzer der Flugbereitschaft des Verteidigungsministeriums gewesen sein. Das Ministerium machte Eichel auf die ungewöhnliche Häufung aufmerksam. Vor allem soll er am Wochenende auffallend oft auf die teuren Challenger Maschinen zurückgegriffen haben. Eine Flugstunde soll bei nichtdienstlicher Nutzung mehr als 7.500 Euro und bei dienstlicher Nutzung immerhin noch mehr als 3.500 Euro kosten. Das Ärgerliche an dieser Sache ist, dass Eichel häufig die Verbindung Berlin-Frankfurt nutzte. Nun ist Frankfurt kein Provinzflughafen und die Flugverbindungen Berlin-Frankfurt gibt es auch im Stundentakt mit günstigen Fluglinien.

Hierzu teilte das Bundesministerium der Finanzen mit, dass der Haushaltsausschuss des Deutschen Bundestages in dieser Angelegenheit keinen Anlass zur Beanstandung gesehen habe. Außerdem sei - so das Ministerium - die Nutzung der Flugbereitschaft günstiger, »weil in jedem Fall zusätzlich mehrere Sicherheitsbeamte und meistens auch noch ein oder zwei Fachbeamte/Referenten transportiert werden müssen«. Angesichts der hohen Arbeitslosenzahlen und der immer wachsenden Staatsverschuldung ist der »Transport« von Sicherheitsbeamten bei Eichels Flügen sicherlich gerechtfertigt.

Eine Meldung der TAZ vom 30.1.2002 besagt: »Die Berliner Staatsanwaltschaft hat die Ermittlungen gegen Bundesfinanzminister Hans Eichel (SPD) wegen umstrittener Bundeswehrflüge eingestellt.« Das

Bundesministerium der Finanzen teilt in einem Schreiben vom 14. November 2003 mit, dass es in dieser Sache kein staatsanwaltschaftliches Ermittlungsverfahren gegen den Bundesfinanzminister gegeben habe.

Auch die sogenannte Lotto-Affäre stellte Eichels Image in Frage. So hat der Ex-Lotto-Geschäftsführer behauptet, Eichel habe von dem Postenschacher zugunsten des später fristlos entlassenen Geschäftsführers gewusst. Ebenso von dem Versuch, einen Parteigenossen auf den Sessel des zweiten Lotto-Geschäftsführers zu heben.

Hans Eichel wandelte sich in der zweiten rot-grünen Legislatur 2002 bis 2005 vom eisernen »Spar-« zum nachgiebigen »Schuldenminister«. Für das Haushaltsjahr 2003 musste der Bundesminister eine Neuverschuldung von 41,9 Milliarden Euro einräumen, die den Schuldenrekord seines Vorgängers Theo Waigel in den Schatten stellte.

2005 musste Eichel aufgrund der Mehrkosten zur Finanzierung der »Hartz-IV-Arbeitsmarktreform« weitere Haushaltslücken im Bundeshaushalt 2005 eingestehen. Dadurch würde das deutsche Staatsdefizit im Jahr 2005 auf 3,6% des Bruttoinlandsproduktes steigen, was wiederum einen Verstoß gegen die EU-Kriterien bedeutete.

Gegen Ende seiner Amtszeit musste sich Eichel mit der Drohung aus Brüssel auseinandersetzen, dass die EU das Defizit-Strafverfahren gegen Deutschland wieder aufnehmen wolle: Denn das deutsche Defizit sollte nach EU-Berechnungen im Jahr 2005 nicht bei 3,7% des Bruttoinlandsproduktes, sondern zwischen 3,9 und 4,0% liegen.

Quellen: Lausitzer Rundschau, 15.5.2001; http://home.arcor.de/laird/dsde02e.htm, 20.9.2003; »Die Welt«, 27.12.2000; »die tageszeitung«, 29.3.1993, 29.12.2000 und 30.1.2001; »Focus« 7.11.1994 und 17.1.1994, Schreiben des Bundesministeriums der Finanzen vom 14.11.2003, www.visionen2000.de, www.whoswho.de vom 5.3.2007

Enkelmann, Dr. Dagmar - Die Linke (5.4.1956)

1977	**Eintritt in die SED**
1990	**Mitglied der Volkskammer der DDR**
Seit 1990	**Mitglied der PDS**
1990-1998	**Mitglied des Deutschen Bundestages**
1999-2005	**Mitglied des Landtages Brandenburg**
2003-2005	**Stellvertretende Parteivorsitzende der PDS**
2005	**Mitglied des Deutschen Bundestages**

Mit Dagmar Enkelmann befindet sich ein weiteres langjähriges SED-Mitglied im Deutschen Bundestag. Vorwürfe, dass sie für die Stasi gespitzelt habe, waren offensichtlich unbegründet und entsprachen mehr dem Wunschdenken eines CDU-Politikers als den derzeit vorliegenden Fakten. Allerdings war Enkelmann seit 1977 SED-Mitglied und somit Mitglied einer Partei, die für unzählige Verbrechen und für eine 40jährige »realsozialistische Diktatur« verantwortlich war. Allein diese Erkenntnis sollte ausreichen, um nicht nach dem Untergang dieses Systems die Nachfolgepartei der SED, die PDS zu unterstützen, die unzählige ehemalige SED-Genossen in sich beherbergt. Bekanntermaßen auch noch ehemalige Mitarbeiter der Stasi. Mitarbeiter jenes Machtinstruments, das in der Wahl ihrer Mittel weitgehende Vollmachten genoss und sogar Exekutivbefugnisse inne hatte, wozu auch Mord und Entführung zählten.

Quellen: www.bpb.de, www.wikipedia.de, www.willy-brandt.org, www.bundestag.de

Flach, Ulrike - FDP (1.1.1951)

1975	**Eintritt in die FDP**
	FDP-Kreisvorsitzende in Oberhausen und Mülheim/Ruhr
1995-2005	**Stellvertretende FDP-Landesvorsitzende in NRW**
1997-2005	**Mitglied des FDP-Bundesvorstandes**
Seit 1998	**Mitglied des Deutschen Bundestages**
2000-2005	**Vorsitzende des Ausschusses für Bildung, Forschung und Technikfolgenabschätzung**

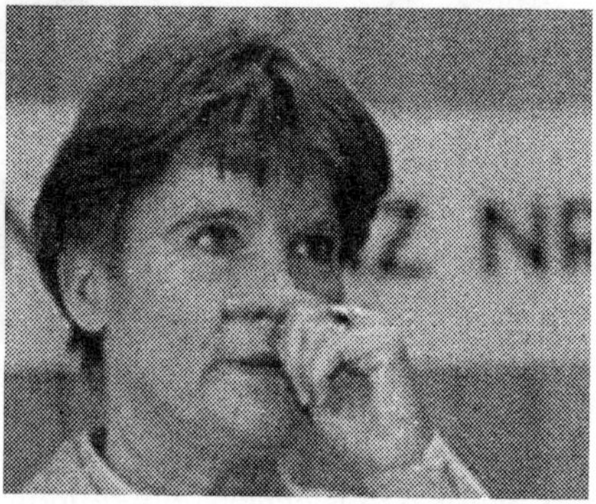

Am 25. Januar 2005 schrieb die FAZ: »Die Ausschussvorsitzende im Bildungsausschuss des Bundestages, Ulrike Flach, hat spät begriffen und noch immer nicht eingesehen, dass es auch für die FDP-Fraktion einen Unterschied gibt zwischen Bezahlung für geleistete Arbeit und Bezahlung ohne vertragsgemäße Gegenleistung, also zwischen Berufstätigkeit und Korruption.«

Mit der Auskunft »seit 1974 bei Siemens« beschäftigt, erweckte Ulrike Flach die Neugier einiger Journalisten, was sofort Nachforschungen auslöste. Dabei stellte sich heraus, dass die FDP-Bundestagsabgeordnete von Siemens ein jährliches Gehalt von 60.000 Euro bezog. Ordentliche Gehaltsempfängerin sei die FDP-Politikerin jedoch Presseveröffentlichungen zufolge nur von 1974 bis 1998 gewesen. Danach sei das Geld ohne Gegenleistung geflossen. Ein Siemens-Sprecher soll gegenüber der Tageszeitung »Bild« geäußert haben: »Es gibt bei Siemens keine Unterlagen, die belegen, dass Frau Flach tatsächlich gearbeitet hat«.

Am 24. Januar 2005 trat Ulrike Flach als stellvertretende Landesvorsitzende der FDP in NRW als Konsequenz aus der Affäre um ihre Nebentätigkeit für den Siemens-Konzern zurück. Auch ihren Vorsitz im Bundestagsausschuss für Bildung, Forschung und Technikfolgenabschätzung legte die FDP-Politikerin nieder. Ich habe es »nicht vermocht, meine Nebentätigkeit als Übersetzerin bei der Firma Siemens der Öffentlichkeit zu vermitteln« schrieb die FDP-Bundestagsabgeordnete.

Allerdings ist Ulrike Flach nach wie vor Bundestagsabgeordnete, Stellvertretendes Mitglied im Ausschuss für Wirtschaft und Technologie, Mitglied im Haushaltsausschuss und Mitglied im Rechnungsprüfungsausschuss.

Fest steht, dass die Oppositionspolitikerin keineswegs ohne - für Siemens interessante - Einflussmöglichkeiten im Parlament war. Immerhin war sie Vorsitzende des Ausschusses für Bildung, Forschung und Technikfolgenabschätzung.

Für die Frankfurter Allgemeine Zeitung (FAZ) ist klar: »Unsichtbare finanzielle Einflussnahme auf Abgeordnete bedroht die Freiheit des Mandats. Der Abgeordnete ist in Deutschland Vertreter des ganzen Volkes - er ist nicht der Vertreter von Gruppen, Unternehmen, Behörden, nicht einmal von Parteien.«

Quellen: WDR vom 24.1.2005, www.udo-leuschner.de am 28.2.2007, www.bundestag.de, FAZ vom 25.1.2005; Omega-News vom 6.1.2005

Fuchs, Dr. Michael - CDU (6.2.1949)

Seit 1990	**Stadtratsmitglied in Koblenz**
1992-2001	**Präsident des Bundesverbandes des Deutschen Groß- und Außenhandels**
2002	**Vorsitzender der Deutschen Gruppe der Trilateralen Kommission**
Seit 2002	**Mitglied des Deutschen Bundestages**
Seit 2006	**Vorsitzender des Parlamentskreises Mittelstand**

Der CDU-Bundestagsabgeordnete Dr. Michael Fuchs war zumindest im Jahr 2002 Vorsitzender der Deutschen Gruppe der Trilateralen Kommission. Dies ist der Abgeordnetenbiografie des deutschen Bundestages zu entnehmen. Auch auf der Mitgliederliste der Trilateralen Kommission vom Mai 2005 taucht der Name Dr. Michael Fuchs auf, wie auf der aktuellen Internetseite der Trilateralen Kommission im Jahr 2007:

> ***Informationen über die Trilaterale Kommission:***
>
> *Die Trilaterale Kommission wurde gegründet am 23. Juli 1972 von David Rockefeller, mit der Absicht, die drei Industriemotoren USA, Europa und im Gegensatz zu der Bilderberg Gruppe auch Japan zusammenzuführen. An der Kommission nehmen über 100 Mitglie-*

der teil, die allesamt reich, mächtig und einflussreich sind. Der irische Pazifist und Nobelpreisträger Sean MacBride sagte, sie sei »von bestimmten, großen US-Banken gegründet worden und dient den finanziellen Interessen und Banken.«

Desweiteren kritisiert Senator Barry Goldwater, ein Gegner der Trilateralen:

»Was die Trilaterale Kommission wirklich will, ist die Schaffung einer Wirtschaftsmacht, die stärker ist als die politischen Regierungen der beteiligten Nationen. Als Manager und Gründer dieses Systems werden sie die Welt regieren«.

Ein ehemaliges Mitglied der CFR, Rear Admiral Chester Ward, US-Navy (im Ruhestand) legte die unheimlichen Absichten des Rates im »Review of the News« offen:

»Eine zweite Clique von internationalen Mitgliedern im CFR besteht aus den internationalen Wall-Street-Bankers und deren Schlüsselagenten. Diese wollen vor allem ein Weltbankmonopol von der Regierung, die letztlich die Weltregierung kontrollieren wird, welche immer das auch sein mag ...«

Quellen: www.postremus.com, www.esoterik24.info, www.conspiracyarchive.com, www.bundestag.de www.trilateral.org/memb.htm

Gehrke, Wolfgang - Die Linke (8.9.1943)

1961	**Eintritt in die illegale KPD**
1968	**Mitbegründer der Sozialistischen Deutschen Arbeiterjugend (SDAJ)**
1968	**Gründungsmitglied der Deutschen Kommunistischen Partei (DKP)**
1968-1974	**Stellvertretender Vorsitzender der SDAJ**
1973-1989	**Mitglied des Parteivorstandes der DKP**
1974-1979	**Bundesvorsitzender der SDAJ**
1990	**Eintritt in die PDS**
1991-1993	**Bundesgeschäftsführer der PDS**
1993-1998	**Stellvertretender Bundesvorsitzender der PDS**
1998-2002	**Mitglied des Deutschen Bundestages**
2002	**Erneute Wahl in den PDS-Parteivorstand**
2004	**Abgeordneter im Landtag Brandenburg**
2005	**Mitglied des Deutschen Bundestages**

Mit Wolfgang Gehrke befindet sich ein kommunistischer Hardliner im Deutschen Bundestag. 1961 wurde er Mitglied der illegalen Kommunistischen Partei Deutschlands (KPD), war Mitbegründer der Sozialistischen Deutschen Arbeiterjugend (SDAJ), deren Vorsitzender er 1974-1979 war. Ebenfalls war Gehrke bei der Neugründung der Deutschen Kommunistischen Partei (DKP) 1968 aktiv, deren Parteivorstandsmitglied er 1973-1989 war. Jetzt ist er Bundestagsabgeordneter für »Die Linke« und nahm 2006 an einer Veranstaltung teil, welche die Aufhebung des Verbots der Kommunistischen Partei Deutschlands (KPD) in der Bundesrepublik und die Rehabilitierung der »Opfer« des Verbotes forderte. Mit von der Partie waren die einstigen Größen des verbrecherischen SED-Staates wie Egon Krenz und Hans Modrow.

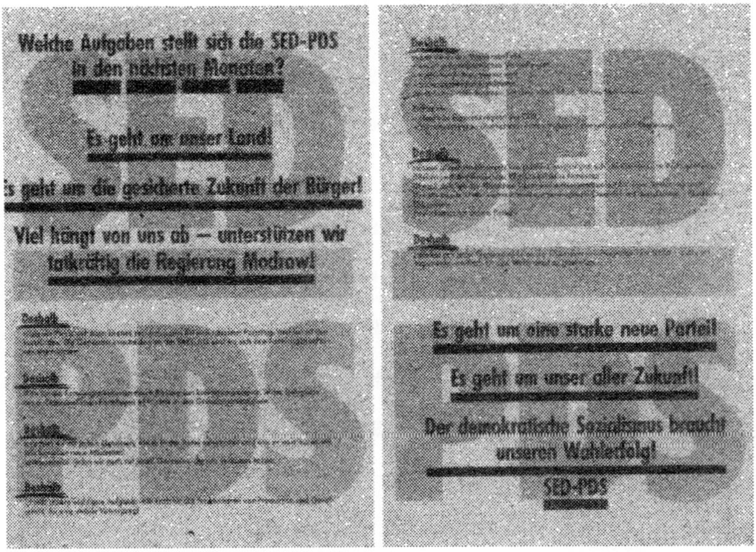

Quellen: www.bpb.de, www.wikipedia.de, www.willy-brandt.org, www.bundestag.de

Gerhardt, Dr. Wolfgang - FDP (31.12.1943)

1978-1982	Mitglied des Landtages Hessen
Ab 1982	Vorsitzender des FDP-Landesverbandes Hessen
Ab 1982	Mitglied im Bundesvorstand
1983-1978	Vorsitzender der FDP-Fraktion
1983-1987	Mitglied des Landtages Hessen
Seit 1985	Stellvertretender Bundesvorsitzender
1987-1991	Minister für Wirtschaft und Kunst
1987-1991	Mitglied des Bundesrates
1987-1991	Stellvertretender Ministerpräsident
1991-1994	Mitglied des Landtages Hessen
1991-1994	Vorsitzender der FDP-Fraktion
1995-2001	Bundesvorsitzender der FDP
1998-2006	Vorsitzender der FDP-Fraktion
	Mitglied der 8. und 9. Bundesversammlung.

Der Abgeordnete Dr. Wolfgang Gerhardt (FDP) war im Jahre 2006 auf der Mitgliederliste der Trilateralen Kommission:

Informationen über die Trilaterale Kommission:

Die Trilaterale Kommission wurde gegründet am 23. Juli 1972 von David Rockefeller, mit der Absicht, die drei Industriemotoren USA, Europa und im Gegensatz zu der Bilderberg Gruppe auch Japan zusammenzuführen. An der Kommission nehmen über 100 Mitglieder teil, die allesamt reich, mächtig und einflussreich sind. Der irische Pazifist und Nobelpreisträger Sean MacBride sagte, sie sei »von bestimmten, großen US-Banken gegründet worden und dient den finanziellen Interessen und Banken.«

Desweiteren kritisiert Senator Barry Goldwater, ein Gegner der Trilateralen:

»Was die Trilaterale Kommission wirklich will, ist die Schaffung einer Wirtschaftsmacht, die stärker ist als die politischen Regierungen der beteiligten Nationen. Als Manager und Gründer dieses Systems werden sie die Welt regieren«.

Ein ehemaliges Mitglied der CFR, Rear Admiral Chester Ward, US-Navy (im Ruhestand) legte die unheimlichen Absichten des Rates im »Review of the News« offen:

»Eine zweite Clique von internationalen Mitgliedern im CFR besteht aus den internationalen Wall-Street-Bankers und deren Schlüsselagenten. Diese wollen vor allem ein Weltbankmonopol von der Regierung, die letztlich die Weltregierung kontrollieren wird, welche immer das auch sein mag ...«

Quellen: www.postremus.com, www.esoterik24.info, www.conspiracyarschive.com

Glos, Michael - CSU (14.12.1944)

1972	Gründungsvorsitzender des CSU-Ortsverbandes Prichsenstadt
1972-1978	Mitglied des Stadtrates der Stadt Prichsenstadt
1972-1993	Mitglied des Kreistages des Landkreises Kitzingen
1975-1993	Vorsitzender des CSU-Kreisverbandes Kitzingen
Seit 1976	Mitglied des Deutschen Bundestages
Seit 1993	Mitglied des Präsidiums und des Parteivorstandes der CSU
Seit 2005	Bundesminister für Wirtschaft und Technologie

Für Michael Glos dürfte die Akte Moritz Hunzinger ein dunkles Kapitel sein. Hunzinger, der clevere Strippenzieher, der über beste Kontakte zu Politik und Rüstungslobby verfügt, hat mittlerweile sein riesiges Imperium verloren. Seinen Ruf hatte er schon lange verspielt und seine glänzenden Kontakte auch. Mit Sharping (SPD), Özdemir

(Bündnis90/Die Günen) und Döring (FDP) stolperten bereits drei Volksvertreter über die finanziellen Zuwendungen des Herrn Hunzinger. Auch den ehemaligen Außenminister Joschka Fischer brachte er mit einer Zuwendung in Höhe von 19.999 DM in Bedrängnis. Das war sicherlich nur die Spitze des Eisbergs, denn laut Hunzinger gab es »sicher 600 Empfänger auf Seiten des Staates«. Dabei handele es sich um politische Entscheidungsträger, Richter, Beamte und Militärs.

Auch Michael Glos hat von Hunzinger einen Scheck über 14.375 DM erhalten. Glos habe auf Vermittlungen von Hunzinger Vorträge gehalten und das Honorar korrekt versteuert. Er versäumte es allerdings - wie vorgeschrieben - die Nebeneinkünfte beim Bundestagspräsidenten anzugeben. Der Bundestagsabgeordnete Glos verteidigte Lobbyismus in der Politik.

Quellen: Hamburger Abendblatt vom 23.7.2003, www.glos.de, »Focus« Nr. 15/2005, www.bundestag.de

Gysi, Dr. Gregor - Die Linke (16.1.1948)

Seit 1962	Mitglied der Freien Deutschen Jugend (FDJ)
Seit 1963	Mitglied des Freien Deutschen Gewerkschaftsbundes (FDGB)
Seit 1967	Mitglied der SED
1989-1993	Vorsitzender der SED/PDS
1990-2002	Mitglied des Deutschen Bundestages
1990-2002	Vorsitzender der Abgeordnetengruppe PDS/Linke Liste im Deutschen Bundestag
2001-2002	Wirtschaftssenator von Berlin
Seit 2005	Mitglied des Deutschen Bundestages und Vorsitzender der Fraktion »Die Linke«

1996 hob der Deutsche Bundestag die Immunität des PDS-Politikers Gregor Gysi auf. Die Staatsanwaltschaft ermittelte gegen ihn wegen des Verdachts auf Hausfriedensbruch im Rahmen der Besetzung der Räume der »Unabhängigen Kommission für das DDR-Parteivermögen«. 1998 wird er zu einer Geldstrafe von 8.000 DM verurteilt.

1997 belegte eine Stellungnahme der Gauck-Behörde vor dem Deutschen Bundestag, dass Gregor Gysi von 1978 bis 1989 als IM für das Ministerium für Staatssicherheit gearbeitet hatte. Gysi bestritt diese Vorwürfe. Dennoch sprach auch der Immunitätsausschuss des Deutschen Bundestages von einer Tätigkeit des PDS-Politikers für die Stasi, woraufhin Gysi erneut Klage einreichte.

Im Mai 1998 verabschiedete der Bundestag mit den Stimmen von CDU/CSU, SPD und Bündnis 90/Die Grünen und gegen die Stimmen von PDS und FDP eine Erklärung, wonach Gysi als Inoffizieller Mitarbeiter der DDR-Staatssicherheit tätig gewesen sei. Noch im selben Jahr wurde eine Gegenklage Gysis vom Bundesverfassungsgericht mit vier gegen vier Stimmen abgewiesen.

2002 trat er schon ein halbes Jahr nach Amtsantritt von seinem Posten als Berliner Wirtschaftssenator zurück. Er begründete diesen Schritt mit seinem Fehlverhalten als Bundestagsabgeordneter. Dienstliche Bonus-Flugmeilen soll er auch privat genutzt haben. Zuvor war Gysi in die Kritik geraten, da er umstrittene Prominenten-Finanzfonds bei der Bankgesellschaft Berlin erworben hatte. Der Prominenten-Bonus liegt offenbar darin, dass Ausschüttungen dabei nicht versteuert werden müssen und garantiert sind. Der Politiker behauptete im Nachhinein, von der Bank falsch beraten worden zu sein.

Quellen: www.dhm.de (Deutsches Historisches Museum), www.ndrinfo.de vom 13.6.2004, www.taz.de vom 6.8.2002, www.netzzeitung.de vom 2.8.2002. www.mdr.de vom 30.7.2002, www.whoswho.de am 5.3.2007

Heilmann, Lutz - Die Linke (7.9.1966)

1986-1989	**Mitglied der SED**
1990-1992	**Mitglied der PDS**
Seit 2000	**Mitglied der PDS**
2005	**Mitglied des Deutschen Bundestages**

Lutz Heilmann war hauptamtlicher Stasi-Mitarbeiter in der SED-Diktatur, der seit 2005 als Abgeordneter im Deutschen Bundestag sitzt. Er kandidierte für die Linkspartei auf der Landesliste Schleswig-Holstein und wurde bei den vorgezogenen Neuwahlen am 18. September 2005 in den Deutschen Bundestag gewählt. Seine Stasi-Vergangenheit wurde erst nach den Wahlen bekannt. In seinem offiziellen Lebenslauf gab Heilmann für die Jahre 1985 bis 1990 »Wehrdienst« an. Tatsächlich arbeitete er in diesen fünf Jahren für die Staatssicherheit in der Hauptabteilung Personenschutz. Dies geht aus den Gehaltslisten des Ministeriums für Staatssicherheit (MfS) hervor. Das Nachrichtenmagazin »Der Spiegel« deckte die Diskrepanz zwischen dem offiziellen Lebenslauf und der wahren Tätigkeit auf. Von 1986-1989 war der Abgeordnete außerdem Mitglied der SED, nach dem Fall der Mauer trat er in die PDS ein.

Quellen: NDR vom 8.10.2005, www.deutscher-bundestag.de

Höll, Dr. Barbara - Die Linke (28.12.1957)

1976-1999	**Mitglied der SED**
1990-2002	**Mitglied des Deutschen Bundestages**
Seit 1996	**Mitglied der PDS**
2004-2005	**Mitglied des Sächsischen Landtags**
April 2005	**Oberbürgermeisterkandidatur in Leipzig**
2005	**Mitglied des Deutschen Bundestages**

»Anhänger des SED-Regimes versuchen derzeit mit einer Bundestagspetition das DDR-Unrecht zu relativieren. 'Mit der Petition wird der Deutsche Bundestag aufgefordert, eine öffentliche Feststellung über den tatsächlichen Umfang des DDR-Unrechts zu treffen, der nach Auffassung der Petenten gering ist', heißt es in der Eingabe an den Petitionsausschuss. Darin stellen die Unterzeichner in Abrede, dass in der DDR gefoltert worden ist, dass Bürger 'unrechtmäßig in psychiatrische Anstalten eingewiesen und Kinder

zwangsadoptiert' worden sind. Zu den Unterzeichnern gehören einem Bericht der »Welt« zufolge ein wegen Totschlags verurteilter DDR-Grenztruppenkommandeur, der letzte SED-Chef des Bezirks Gera sowie Mitarbeiter der beiden Linkspartei-Bundestagsabgeordneten Barbara Höll und Lothar Bisky.«
Mit Barbara Höll haben wir eine weitere Genossin der SED-Diktatur im Deutschen Bundestag sitzen. Ihre Haltung zu den Verbrechen des SED-Regimes können wir dem vorabgestellten Artikel aus dem JF-Archiv entnehmen.

Quellen: www.wikipedia.de, www.jf-archiv.de, www.bundestag.de

Jelpke, Ulla - Die Linke (9.6.1951)

	Mitglied des »Leitendes Gremium« des Kommunistischen Bundes (KB)
1977	Mitbegründerin der Bunten Liste
1981-1989	Abgeordnete für die Grün-Alternative Liste (GAL) in der Bürgerschaft Hamburg
1990-2002	Mitglied des Deutschen Bundestages, Sprecherin der Arbeitsgruppe Innen- und Rechtspolitik der PDS-Fraktion
2002-2005	Ressorleiterin für Innenpolitik bei der Tageszeitung »Junge Welt«
Seit 2005	Mitglied des Deutschen Bundestages

Die einstige aktive Kommunistin im KB und jetzige Abgeordnete für »Die Linke« Ulla Jelpke soll über ein dienstliches Gratis-Flugmeilen-

Konto in Begleitung von Berlin nach Las Palmas geflogen sein. Sie beteuerte hingegen, ihre Lufthansa-Karte auch privat zu nutzen und somit auch private Bonusmeilen zu haben.

In einer anderen Sache fiel die PDS-Politikerin auf, als sie die Genehmigung für eine Demonstration in Leipzig besorgte mit dem Motto »Deutschland den Krieg erklären«. Sie solle lediglich gewollt haben, dass die Stimme jener jungen Demonstranten gehört werde.

1996 wurde die Bundestagsabgeordnete Jelpke auf dem Flughafen von Brisbane (Australien) mit Drogen im Gepäck erwischt, woraufhin sie eine Geldstrafe zahlen musste.

Eine besondere Bedeutung kommt der Haltung Ulla Jelpkes zur Linksterroristischen RAF zu: Zur Diskussion über die Äußerungen des ehemaligen RAF-Terroristen Christian Klar erklärt Ulla Jelpke: »Die hysterischen Reaktionen hauptsächlich aus den Regierungsparteien auf ein antikapitalistisches Grußwort des ehemaligen RAF-Aktivisten Christian Klar zeigen, dass es diesen Politikern nicht um Recht oder Gnade, sondern um völlige Unterwerfung des politischen Gefangenen geht. Sie wollen Klar allein aufgrund seiner Gesinnung weiterhin inhaftiert sehen. Das Grundrecht auf freie Meinungsäußerung gilt für Klar offenbar nicht.«

Aber damit nicht genug: »Der Beschluss des Stuttgarter Oberlandesgerichts, die ehemalige RAF-Aktivistin Brigitte Mohnhaupt Ende März auf Bewährung freizulassen, war lange überfällig«, so Ulla Jelpke. »Nun müssen auch die übrigen drei in Haft sitzenden ehemaligen RAF-Aktivisten Christian Klar, Eva-Sybille Haule und Birgit Hogefeld frei kommen,« so Jelpke weiter. Auch der Kontakt Ulla Jelpkes zu dem wegen mehrfachen Mordes zu lebenslänglicher Haft verurteilten RAF-Terroristen Peter Jürgen Boock ist nicht unbekannt.

Quellen: »Focus« Nr. 42 vom 15.10.2001, dpa vom 1.8.2002, www.bundestag.de, www.jf-archiv vom 2.2.2001, www.linksfraktion.de vom 12.02.2007, Pressemitteilung Ulla Jelpkes vom 27.2.2007, Patrick Moreau - Was will die PDS?, 1994, 1. Auflage, S.123, Berliner Kurier vom 13.12.1996

Klaeden, Eckart von - CDU (18.11.1965)

Seit 1983	Mitglied der CDU und der Jungen Union (JU)
1987-1992	Mitglied des Bundesvorstandes der Jungen Union
1992-1995	Landesvorsitzender der Jungen Union Niedersachsen
1993-1994	Pressesprecher der CDU Niedersachsen
Seit 1994	Mitglied des Deutschen Bundestages, außenpolitischer Sprecher der CDU/CSU-Fraktion
Seit 1995	Vorsitzender des CDU-Kreisverbandes Hildesheim
Seit 2004	Mitglied im Bundesvorstand der CDU

Eckart von Klaeden ist ehrenamtliches Mitglied in der Konrad-Adenauer-Stiftung, sowie ehrenamtliches Vorstandsmitglied der Atlantik-Brücke e.V. und stellvertretendes Mitglied der Parlamentarischen Versammlung der NATO.

Der Bundestagsabgeordnete Eckart von Klaeden ist ein strammer Freund der USA und der Regierung von George W. Bush. Heftig wehrt sich Eckart von Klaeden gegen Kritik aus den Reihen der Sozialdemokraten am geplanten Raketenabwehrsystem in Osteuropa. Ebenso verurteilt er die in der deutschen Bevölkerung verbreiteten kritischen Betrachtungen der Kriege der Regierung Bush, die er im März 2007 gegenüber dem »Stern« als »latenten Anti-Amerikanismus« bezeichnete.

Am 10./11. Mai 2001 tappte von Klaeden in eine von der Redaktion des Satiremagazins »Titanic« im Zusammenhang mit der CDU-Spendenaffäre erdachte Falle und fuhr über Nacht mit dem Auto von Berlin in die Schweiz nach Luzern, um die Verhältnisse um ein angebliches Schwarzgeldkonto in Höhe von mehreren Millionen Schweizer Franken zu klären, wo er von Redakteuren des Satiremagazins »Titanic« in Empfang genommen wurde.

Der Abgeordnete Eckart von Klaeden (CDU) nahm 2007 an der Bilderberg Konferenz in Istanbul teil:

> ***Informationen über die Bilderberger:***
>
> *Im Jahr 1954 trafen sich die mächtigsten Individuen der Welt zum ersten Mal unter der Schirmherrschaft des niederländischen Königshauses und der Rockefeller-Familie in dem luxuriösen Bilderberg-Hotel und besprachen die Zukunft der Welt.*
>
> *Seitdem trafen sie sich jedes Jahr als Bilderberg Club in einem Luxushotel irgendwo auf dem Planeten, um über die Zukunft der Menschheit zu entscheiden. 50 Jahre lang brachten die Konferenzen vormals ungekannte Dimensionen von Macht und Geld am selben Ort zur selben Zeit zusammen und offiziell wurden von den Teilnehmern niemals Informationen öffentlich gemacht über die Themen, die während den Konferenzen besprochen wurden.*
>
> *Bilderberg, eine der mächtigsten Geheimorganisationen der Welt, hat ein 18-Quadratmeter-Büro mit ei-*

nem einzigen Angestellten und einer einzigen Telefonleitung. Es gibt keine Webseite und kein Schild vor der Tür. Die Presse durfte das Büro niemals betreten, keine öffentlichen Erklärungen über die Schlussfolgerungen der Teilnehmer oder die Agenda der Konferenzen wurden je abgegeben. Wie kann das sein, wo doch die Mitgliederliste die mächtigsten Individuen der Welt beinhaltet?

Quellen: www.infokrieg.tv, www.bundestag.de, www.mein-Parteibuch.de

Künast, Renate - Bündnis 90/Die Grünen (15.12.1955)

Seit 1979	Mitglied der Westberliner Alternativen Liste
1989-1990	Fraktionsvorsitzende von Bündnis 90/ Die Grünen
1989-2000	Mitglied des Abgeordnetenhauses Berlin
1998-2000	Fraktionsvorsitzende von Bündnis 90/ Die Grünen
2000-2001	Bundesvorsitzende von Bündnis 90/Die Grünen
2001-2005	Bundesministerin für Verbraucherschutz, Ernährung und Landwirtschaft
Seit 2001	Mitglied des Deutschen Bundestages

Die Ministerin für Verbraucherschutz, Ernährung und Landwirtschaft befand sich im Oktober 2003 auf einer Reise in Brasilien, als sie eine Maschine der Flugbereitschaft vom Typ »Challenger« aus Deutschland anforderte. Diese Maschinen werden normalerweise nur für Kurzstreckenflüge genutzt. Als sich die Maschine schon auf halber Strecke befand, wurde sie wieder abbestellt und musste zurück nach Deutschland fliegen. Dass dies im Zusammenhang stehe mit journalistischen Recherchen in dieser Sache wurde dementiert. Der Bundesrechnungshof rechnete einen Schaden für den Steuerzahler von 96.000 Euro aus.

Der Aufruf von Grünen-Fraktionschefin Renate Künast, umweltfreundliche Hybrid-Autos des japanischen Herstellers Toyota zu kaufen, ist bei weiten Teilen der Bevölkerung auf Kritik gestoßen. Der Aufruf zum Boykott deutscher Autos ist für die derzeitige niederliegende deutsche Wirtschaft ein Schlag ins Gesicht gewesen. Es ist sicherlich ein falscher Weg, als Bundesministerin medienwirksam Werbung für ein ausländisches Unternehmen zu machen.

Laut »Berliner Zeitung« fuhr Künast während ihrer Amtszeit als Bundesverbraucherministerin selbst einen Audi A8 TDI. Das Auto habe zwar einen Dieselrußfilter gehabt, sei aber mit 326 PS nicht besonders umweltschonend ausgestattet gewesen.

Quellen: Brief aus Berlin, Nr. 9 vom 7.5.2004, www.auto-motor-und-sport.de vom 6.3.2007, www.bundestag.de

Kunert, Katrin - Die Linke (6.4.1964)

Seit 1982	**Mitglied der SED**
1990	**Stellvertretende PDS-Kreisvorsitzende in Osterburg**
Seit 2003	**Mitglied im PDS-Parteivorstand**
Seit 2005	**Mitglied des Deutschen Bundestages**

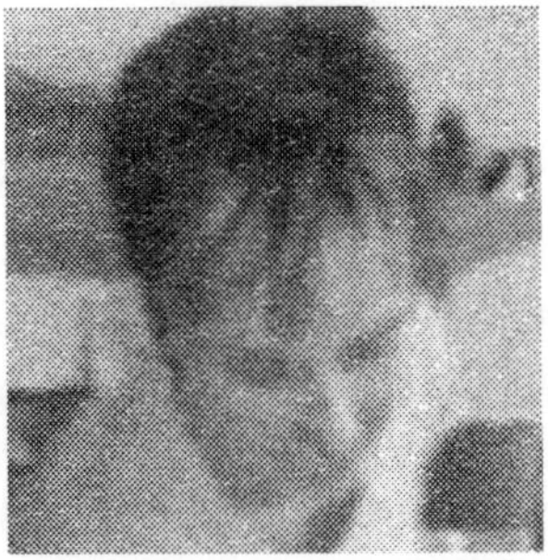

Mit Katrin Kunert befindet sich ein weiteres ehemaliges SED-Mitglied im Deutschen Bundestag. Seit 1982 war Kunert SED-Mitglied und somit Mitglied einer Partei, die für unzählige Verbrechen und für eine 40jährige »realsozialistische Diktatur« verantwortlich war. Allein diese Erkenntnis sollte ausreichen, um nicht nach dem Untergang dieses Systems die Nachfolgepartei der SED - PDS/Die Linke - zu unterstützen, die unzählige ehemalige SED-Genossen in sich beherbergt. Bekanntermaßen auch noch ehemalige Mitarbeiter der Stasi. Mitarbeiter jenes Machtinstruments, das in der Wahl seiner Mittel weitgehende Vollmachten genoss und sogar Exekutivbefugnisse inne hatte, zu welchen auch Mord und Entführung zählten.

Quellen: www.wikipedia.de, www.bundestag.de

Lamers, Dr. Karl A. - CDU (12.2.1951)

	Mitglied des Lions-Club
1975	Eintritt in die Junge Union (JU)
seit 1975	Mitglied der CDU
1981-1986	Stellvertretender Landesvorsitzender der Jungen Union Baden-Württemberg
1985-2003	Kreisvorsitzender der CDU Heidelberg
1987-1995	Gemeinderat der Stadt Heidelberg
Seit 1994	Mitglied des Bundestages
	Leiter der CDU/CSU-Delegation in der Parlamentarischen Versammlung der NATO, dort Fraktionsvorsitzender der Konservativen und Christdemokraten und Vorsitzender des Unterausschusses NATO Partnerschaften
Seit 2003	Ehrenvorsitzender der CDU Heidelberg, stellvertretender Vorsitzender des Arbeitskreises Bundeswehr der CDU Baden-Württemberg

Der im Bundestag sitzende Leiter der CDU/CSU-Delegation in der Parlamentarischen Versammlung der NATO Dr. Karl A. Lamers war vom 8.-11. Juni 1995 Teilnehmer an der internationalen Bilderberg Konferenz in Zürich (Schweiz). Zusammen mit Wolfgang Schäuble entwarf Lamers 1994 das Kerneuropa-Konzept, die Idee eines Kerneuropas mit einer autonom agierenden europäischen Armee.

Informationen über die Bilderberger:

Im Jahr 1954 trafen sich die mächtigsten Individuen der Welt zum ersten Mal unter der Schirmherrschaft des niederländischen Königshauses und der Rockefeller-Familie in dem luxuriösen Bilderberg-Hotel und besprachen die Zukunft der Welt.

Seitdem trafen sie sich jedes Jahr als Bilderberg Club in einem Luxushotel irgendwo auf dem Planeten, um über die Zukunft der Menschheit zu entscheiden. 50 Jahre lang brachten die Konferenzen vormals ungekannte Dimensionen von Macht und Geld am selben Ort zur selben Zeit zusammen und offiziell wurden von den Teilnehmern niemals Informationen öffentlich gemacht über die Themen, die während den Konferenzen besprochen wurden.

Bilderberg, eine der mächtigsten Geheimorganisationen der Welt, hat ein 18-Quadratmeter-Büro mit einem einzigen Angestellten und einer einzigen Telefonleitung. Es gibt keine Webseite und kein Schild vor der Tür. Die Presse durfte das Büro niemals betreten, keine öffentlichen Erklärungen über die Schlussfolgerungen der Teilnehmer oder die Agenda der Konferenzen wurden je abgegeben. Wie kann das sein, wo doch die Mitgliederliste die mächtigsten Individuen der Welt beinhaltet?

Quellen: www.postremus.com, www.esoterik24.info, www.infokrieg.tv www.conspiracyarschive.com, www.bundestag.de

Lötzer, Ursula - Die Linke (5.3.1950)

1968	**Aktiv in der 68er Bewegung**
1970er Jahre	**Mitglied des Kommunistischen Bundes Westdeutschlands (KBW)**
Seit 1993	**Mitglied der PDS**
Seit 1998	**Mitglied des Deutschen Bundestages**

Neben Ulla Schmidt (Bündnis 90/Die Grünen), Krista Sager (Bündnis 90/Die Grünen) und Winfried Nachtwei (Bündnis 90/Die Grünen) war auch die Bundestagsabgeordnete Ursula Lötzer (Die Linke) für den Kommunistischen Bund Westdeutschlands (KBW) in den 1970er Jahren aktiv.

Das Programm, das sich der KBW 1973 gab, war ernst: »Solange die Bourgeoisie über bewaffnete Formationen zur Verteidigung des kapitalistischen Eigentums verfügt, wird das Proletariat die politische Macht mit Waffengewalt erkämpfen müssen«, hieß es darin. Dies war sogar dem Verfassungsschutz aufgefallen, der dies 1975 in seinem Verfassungsschutzbericht erwähnte.

Quellen: www.wikipedia.de, www.bundestag.de, Frankfurter Allgemeine Zeitung vom 7.3.2001

Merkel, Angela - CDU (17.06.1954)

1989	Mitglied des Demokratischen Aufbruchs
1990	Stellvertretende Regierungssprecherin der Regierung de Mazière
Seit 1990	Mitglied des Deutschen Bundestages
Seit 1990	Mitglied der CDU
1991-1994	Bundesministerin für Frauen und Jugend
1991-1998	Stellvertretende Vorsitzende der CDU Deutschlands
1993-2002	Vorsitzende der CDU Mecklenburg-Vorpommern
1994-1998	Bundesministerin für Umwelt, Naturschutz und Reaktorsicherheit
1998-2002	Generalsekretärin der CDU Deutschlands
Seit 2000	Vorsitzende der CDU Deutschlands
2002-2005	Vorsitzende der CDU/CSU Fraktion
Seit 2005	Bundeskanzlerin der Bundesrepublik Deutschland

Die Bundeskanzlerin Angela Merkel nahm 2004 an einem Treffen der Trilateralen Kommission teil:

Informationen über die Trilaterale Kommission:

Die Trilaterale Kommission wurde gegründet am 23. Juli 1972 von David Rockefeller, mit der Absicht, die drei Industriemotoren USA, Europa und im Gegensatz zu der Bilderberg Gruppe auch Japan zusammenzuführen. An der Kommission nehmen über 100 Mitglieder teil, die allesamt reich, mächtig und einflussreich sind. Der irische Pazifist und Nobelpreisträger Sean MacBride sagte, sie sei »von bestimmten, großen US-Banken gegründet worden und dient den finanziellen Interessen und Banken.«

Desweiteren kritisiert Senator Barry Goldwater, ein Gegner der Trilateralen:

»Was die Trilaterale Kommission wirklich will, ist die Schaffung einer Wirtschaftsmacht, die stärker ist als die politischen Regierungen der beteiligten Nationen. Als Manager und Gründer dieses Systems werden sie die Welt regieren«.

Ein ehemaliges Mitglied der CFR, Rear Admiral Chester Ward, US-Navy (im Ruhestand) legte die unheimlichen Absichten des Rates im »Review of the News« offen:

»Eine zweite Clique von internationalen Mitgliedern im CFR besteht aus den internationalen Wall-Street-Bankers und deren Schlüsselagenten. Diese wollen vor allem ein Weltbankmonopol von der Regierung, die letztlich die Weltregierung kontrollieren wird, welche immer das auch sein mag ...«

Desweiteren war Bundeskanzlerin Angela Merkel (CDU) im Jahre 2005 auf der Mitgliederliste der Bilderberger Gruppe:

Informationen über die Bilderberger:

Im Jahr 1954 trafen sich die mächtigsten Individuen der Welt zum ersten Mal unter der Schirmherrschaft des niederländischen Königshauses und der Rocke-

feller-Familie in dem luxuriösen Bilderberg-Hotel und besprachen die Zukunft der Welt.

Seitdem trafen sie sich jedes Jahr als Bilderberg Club in einem Luxushotel irgendwo auf dem Planeten, um über die Zukunft der Menschheit zu entscheiden. 50 Jahre lang brachten die Konferenzen vormals ungekannte Dimensionen von Macht und Geld am selben Ort zur selben Zeit zusammen und offiziell wurden von den Teilnehmern niemals Informationen öffentlich gemacht über die Themen, die während den Konferenzen besprochen wurden.

Bilderberg, eine der mächtigsten Geheimorganisationen der Welt, hat ein 18-Quadratmeter-Büro mit einem einzigen Angestellten und einer einzigen Telefonleitung. Es gibt keine Webseite und kein Schild vor der Tür. Die Presse durfte das Büro niemals betreten, keine öffentlichen Erklärungen über die Schlussfolgerungen der Teilnehmer oder die Agenda der Konferenzen wurden je abgegeben. Wie kann das sein, wo doch die Mitgliederliste die mächtigsten Individuen der Welt beinhaltet?

Quellen: www.trilateral.org, www.fosar-buldorf.com, www.infokrieg.tv

Nachtwei, Winfried - Bündnis 90/Die Grünen (15.4.1946)

1970er Jahre	**Mitglied des Kommunistischen Bundes Westdeutschland (KBW)**
Seit 1994	**Mitglied des Bundestages**
2002-2005	**Stellvertretender Vorsitzender der Bundestagsfraktion Bündnis90/Die Grünen**

Neben Ulla Schmidt (Bündnis 90/Die Grünen), Krista Sager (Bündnis 90/Die Grünen) und Ursula Lötzer (Die Linke) war auch der Bundestagsabgeordnete Winfried Nachtwei (Bündnis 90/Die Grünen) für den Kommunistischen Bund Westdeutschlands (KBW) in den 1970er Jahren aktiv.

Das Programm, das sich der KBW 1973 gab, war ernst: »Solange die Bourgeoisie über bewaffnete Formationen zur Verteidigung des kapitalistischen Eigentums verfügt, wird das Proletariat die politische Macht mit Waffengewalt erkämpfen müssen«, hieß es darin. Dies war sogar dem Verfassungsschutz aufgefallen, der dies 1975 in seinem Verfassungsschutzbericht erwähnte.

Quellen: www.wikipedia.de, www.bundestag.de, Frankfurter Allgemeine Zeitung vom 7.3.2001

Pau, Petra - Die Linke (9.8.1963)

Seit 1983	Mitglied der SED, dann PDS
Bis 1990	Mitarbeiterin beim Zentralrat der FDJ
1991	Stellvertretende Landesvorsitzende der PDS
1992–2001	Landesvorsitzende der PDS
1995-1998	Mitglied des Abgeordnetenhauses von Berlin
Seit 1998	Mitglied des Deutschen Bundestages
2000-2002	Stellvertretende PDS-Vorsitzende
Seit 2006	Vizepräsidentin des Deutschen Bundestages

Die Berliner PDS-Politikerin wurde 1998 zu einer Geldstrafe von 6000 DM wegen Hausfriedensbruch verurteilt. Zusammen mit einigen Parteigenossen, darunter Gregor Gysi und Lothar Bisky, war Pau am 30. November 1994 in die Berliner Außenstelle eines Bundesministeriums eingedrungen, um sich dort anzuketten. Mit dieser Aktion protestierte sie gegen einen Steuerbescheid in Höhe von 67 Millionen DM, den die PDS erhalten hatte.

Quellen: LAZ/Sonderausgabe vom 1.12.2001, www.berlinonline.de vom 24.5.1996, www.petra-pau.de

Pflüger, Dr. Friedbert - CDU (6.3.1955)

1971	Eintritt in die CDU
1977-1978	Bundesvorsitzender des RCDS
1977-1985	Im Bundesvorstand der Jungen Union (JU)
Seit 1990	Mitglied des Deutschen Bundestages
Seit 1998	Stellvertretender Landesvorsitzender der CDU in Niedersachsen
Seit 2000	Mitglied im Bundesvorstand der CDU
Seit 2005	Parlamentarischer Staatssekretär beim Bundesminister der Verteidigung
Nov. 2006	Aus dem Deutschen Bundestag ausgeschieden

Nach der Wiedervereinigung sprach sich Pflüger (CDU) gegen einen Umzug der Bundesregierung nach Berlin aus.

Friedbert Pflüger gilt als Befürworter des guten deutsch-amerikanischen Verhältnisses. Er unterstützte 2003 vor und während des Irakkrieges die US-amerikanische Position.

2005 und 2006 nahm der CDU-Bundestagsabgeordnete an der Bilderbergkonferenz teil.

Informationen über die Bilderberger:

Im Jahr 1954 trafen sich die mächtigsten Individuen der Welt zum ersten Mal unter der Schirmherrschaft des niederländischen Königshauses und der Rockefeller-Familie in dem luxuriösen Bilderberg-Hotel und besprachen die Zukunft der Welt.

Seitdem trafen sie sich jedes Jahr als Bilderberg Club in einem Luxushotel irgendwo auf dem Planeten, um über die Zukunft der Menschheit zu entscheiden. 50 Jahre lang brachten die Konferenzen vormals ungekannte Dimensionen von Macht und Geld am selben Ort zur selben Zeit zusammen und offiziell wurden von den Teilnehmern niemals Informationen öffentlich gemacht über die Themen, die während den Konferenzen besprochen wurden.

Bilderberg, eine der mächtigsten Geheimorganisationen der Welt, hat ein 18-Quadratmeter-Büro mit einem einzigen Angestellten und einer einzigen Telefonleitung. Es gibt keine Webseite und kein Schild vor der Tür. Die Presse durfte das Büro niemals betreten, keine öffentlichen Erklärungen über die Schlussfolgerungen der Teilnehmer oder die Agenda der Konferenzen wurden je abgegeben. Wie kann das sein, wo doch die Mitgliederliste die mächtigsten Individuen der Welt beinhaltet?

Quelle: www.infokrieg.tv, www.bundestag.de, www.wikipedia.de, www.fosa-bludorf.com, www.bilderberg.org

Polenz, Ruprecht - CDU (26.5.1946)

1968	Mitglied im Ring Christlich-Demokratischer Studenten (RCDS)
1969	Im AStA der Universität Münster
1973	Landesvorsitzender des RCDS Nordrhein-Westfalen
1974-1980	Mitglied im Landesvorstand der Jungen Union Westfalen-Lippe
1975-1994	Mitglied im Rat der Stadt Münster
Seit 1994	Mitglied des Deutschen Bundestages
1995-2003	Kreisvorsitzender der CDU Münster
Seit 1998	Mitglied im Landesvorstand CDU NRW
2000	Generalsekretär der CDU
Seit 2005	Vorsitzender des Auswärtigen Amtes

Der Abgeordnete Ruprecht Polenz (CDU) nahm 2002 an der Bilderberg Konferenz teil:

Informationen über die Bilderberger:

Im Jahr 1954 trafen sich die mächtigsten Individuen der Welt zum ersten Mal unter der Schirmherrschaft des niederländischen Königshauses und der Rockefeller-Familie in dem luxuriösen Bilderberg-Hotel und besprachen die Zukunft der Welt.

Seitdem trafen sie sich jedes Jahr als Bilderberg Club in einem Luxushotel irgendwo auf dem Planeten, um über die Zukunft der Menschheit zu entscheiden. 50 Jahre lang brachten die Konferenzen vormals ungekannte Dimensionen von Macht und Geld am selben Ort zur selben Zeit zusammen und offiziell wurden von den Teilnehmern niemals Informationen öffentlich gemacht über die Themen, die während den Konferenzen besprochen wurden.

Bilderberg, eine der mächtigsten Geheimorganisationen der Welt, hat ein 18-Quadratmeter-Büro mit einem einzigen Angestellten und einer einzigen Telefonleitung. Es gibt keine Webseite und kein Schild vor der Tür. Die Presse durfte das Büro niemals betreten, keine öffentlichen Erklärungen über die Schlussfolgerungen der Teilnehmer oder die Agenda der Konferenzen wurden je abgegeben. Wie kann das sein, wo doch die Mitgliederliste die mächtigsten Individuen der Welt beinhaltet?

Quelle: www.infokrieg.tv, www.bundestag.de, www.wikipedia.de

Rauen, Peter - CDU (26.1.1945)

Seit 1966	Mitglied der CDU
1983-1987	Mitglied des Landtags von Rheinland-Pfalz
1985-1991	Kreisvorsitzender der CDU im Kreis Bernkastel-Wittlich
Seit 1987	Mitglied des Deutschen Bundestages
1992	Mitglied im Bundesvorstand der CDU
1998-2002	Mitglied im Präsidium der CDU
2000-2002	Stellvertretender Vorsitzender der CDU/CSU-Fraktion

Jeder normale Autofahrer ist mit 18 Punkten in Flensburg seinen Führerschein los. Fast jeder. Nicht jedoch der seit 19 Jahren im Bundestag sitzende Peter Rauen, denn der darf mit 21 Strafpunkten weiter Gasgeben und den rasenden Politiker darstellen.

Bereits sechs mal wurde Peter Rauen in den zurückliegenden Jahren von einer Radarfalle erfasst, beim siebten Mal, als er mit 111 statt der erlaubten 80 km/h auf der Autobahn 565 geblitzt wurde, kämpft er dagegen, seinen Führerschein zu verlieren.

Ausrede 1: Sein Sohn sei gefahren. Der 40-jährige Sohn hatte sogar schriftlich bestätigt, dass er an diesem Tag das Fahrzeug gelenkt habe, jedoch zeige das geblitzte Portrait eindeutig den Abgeordneten selbst hinter dem Lenkrad. Der Sohn berief sich auf sein Aussageverweigerungsrecht, schwieg und machte vor Gericht einen Rückzieher. Ob ein Politiker - um seinen Führerschein zu retten - lügen darf, verneinte die Bonner Staatsanwaltschaft eindeutig und leitete daraufhin Ermittlungen gegen Rauen wegen falscher Verdächtigung ein. Darauf stehen bis zu fünf Jahre Gefängnis. Weil allerdings Papa auf dem Radarfoto zu erkennen war, kam es zur:

Ausrede 2, dem »Triple - Phänomen«: Nicht Außerirdische, sondern zum Beispiel eine Windschutzscheibe könnte die Radarstrahlen umlenken, wodurch die Radarfalle das Doppelte der tatsächlichen Geschwindigkeit misst. Für den Verkehrsrechtler Manuel Wegner ist dies eine dürftige Erklärung, um sich reinzuwaschen. Denn, so Wagner: »Das 'Triple-Phänomen' tritt fast nur bei LKW und Bussen mit großen Reflektionsflächen auf.« Hingegen sei die Wahrscheinlichkeit solch einer Fehlmessung bei einem PKW - Rauen fährt einen silber-grauen Mercedes CLK - eher gering. Ungefähr so gering, wie für einen Normalbürger die Chance mit mehr als 20 Strafpunkten auf dem Konto der Flensburger Verkehrssünder-Kartei noch ein Fahrzeug lenken zu dürfen. Der Verteidiger Rauens hatte sogar einen Gutachter beantragt um zu klären, ob die Radarmessung fehlerhaft war. »Äußerst unwahrscheinlich«, so das Ergebnis zweier Sachverständiger direkt am zweiten Prozesstag.

Der CDU-Bundestagsabgeordnete ist letztendlich auch vor dem Bonner Amtsgericht mit seinem Einspruch gegen den Bußgeld Bescheid gescheitert. Wird das Urteil rechtskräftig droht dem Politiker der Entzug des Führerscheins.

Quellen: »Express« vom 13.9.2006, Fokus-Online vom 11.9.2006, Rhein-Zeitung-Online vom 16.1.2007

Riesenhuber, Dr. Heinz - CDU (1.12.1935)

1961	Mitglied der Jungen Union und der CDU
1962-1965	Wissenschaftlicher Assistent an der Universität Frankfurt
1965-1969	Landesvorsitzender der Jungen Union Hessen
1965	Mitglied des Landesvorstandes
1966	Mitglied des Bundesvorstandes
Seit 1966	Bei »Erzgesellschaft mbH im Haus Metallgesellschaft AG« Frankfurt
Seit 1968	Mitglied des Präsidiums der CDU-Hessen
Seit 1968	Geschäftsführer der »Erzgesellschaft mbH im Haus Metallgesellschaft AG« Frankfurt
1968	Stellvertretender Vorsitzender der Jungen Union
1971-1982	Geschäftsführer bei Synthomer Chemie GmbH Frankfurt
1973-1978	Kreisvorsitzender der CDU Frankfurt
Seit 1976	Mitglied des Deutschen Bundestages
1977-1982	Vorsitzender im Bundesfachausschuss Energie und Umwelt der CDU
1980-1982	Energiepolitischer Sprecher der CDU/CSU-Fraktion
1982-1993	Bundesminister für Forschung
	Mitglied in Aufsichtsräten und Beiräten von Unternehmen in Deutschland und im Ausland; Dr. h. c. des Weizmann Instituts

	in Rehovot, Israel, der Berg- und Hüttenakademie Krakau, der Universität Göttingen
2001-2002	**Vorsitzender des Ausschusses für Wirtschaft und Technologie**

Der Abgeordnete Dr. Heinz Riesenhuber war 2005 auf der Teilnehmerliste bei dem Treffen der Trilateralen Kommission:

Informationen über die Trilaterale Kommission:

Die Trilaterale Kommission wurde gegründet am 23.Juli 1972 von David Rockefeller, mit der Absicht, die drei Industriemotoren USA, Europa und im Gegensatz zu der Bilderberg Gruppe auch Japan zusammenzuführen. An der Kommission nehmen über 100 Mitglieder teil, die allesamt reich, mächtig und einflussreich sind. Der irische Pazifist und Nobelpreisträger Sean MacBride sagte, sie sei »von bestimmten, großen US-Banken gegründet worden und dient den finanziellen Interessen und Banken.«

Desweiteren kritisiert Senator Barry Goldwater, ein Gegner der Trilateralen:

»Was die Trilaterale Kommission wirklich will, ist die

Schaffung einer Wirtschaftsmacht, die stärker ist als die politischen Regierungen der beteiligten Nationen. Als Manager und Gründer dieses Systems werden sie die Welt regieren«.

Ein ehemaliges Mitglied der CFR, Rear Admiral Chester Ward, US-Navy (im Ruhestand) legte die unheimlichen Absichten des Rates im »Review of the News« offen:

»Eine zweite Clique von internationalen Mitgliedern im CFR besteht aus den internationalen Wall-Street-Bankers und deren Schlüsselagenten. Diese wollen vor allem ein Weltbankmonopol von der Regierung, die letztlich die Weltregierung kontrollieren wird, welche immer das auch sein mag ...«

Quellen: www.postremus.com, www.esoterik24.info, www.conspiracyarschive.com

Roth, Claudia - Bündnis 90/Die Grünen (15.5.1955)

1976	Bundestagskandidatin für den Kommunistischen Bund Westdeutschlands (KBW)
1983	Mitglied der SPD
1985-1989	Pressesprecherin der Grünen im Deutschen Bundestag
1989-1998	Mitglied des Europaparlaments
Seit 1994	Fraktionsvorsitzende von Bündnis 90/ Die Grünen
2001-2002	Parteivorsitzende von Bündnis 90/Die Grünen
1998-2001	Mitglied des Deutschen Bundestages
Seit 2002	Mitglied des Deutschen Bundestages

Im Jahre 2000 beauftragte der EU-Rechnungshof den Chef des Antikorruptionsamtes einen Betrugsverdacht in der Grünen Fraktion des

Europäischen Parlaments zu untersuchen. Die europäische Fraktion der Grünen hatte in den Jahren 1997 und 1998 keine korrekten Rechenschaftsberichte für EU-Mittel in Höhe von 6,5 Millionen DM vorgelegt. Verantwortlich war u.a. die Fraktionsvorsitzende der EU-Grünen Claudia Roth. Doch wie sich herausstellte, ließ es der zuständige Franz-Hermann Brüner nie zu einem Verfahren kommen.

Seine vorgesetzte Kommissarin Schreyer wies die Vorwürfe zurück, Einfluss auf Brüners Arbeit genommen zu haben. Als Heide Rühle 1999 das Amt der Schatzmeisterin antrat, zeigte sie sich entsetzt über das Finanzchaos. Gehälter von Fraktionsbeamten wurden umverteilt, angeblich wurden Gelder für Gehälter auch anderweitig genutzt.

Quellen: »Stern« Nr. 23 vom 27.5.2004, www.bundestag.de

Schäuble, Dr. Wolfgang - CDU (18.9.1942)

1961	Eintritt in die Junge Union Südbaden
1963/64	Vorsitzender des Rings Christlicher Demokratischer Studenten in Hamburg und Freiburg
Seit 1965	Mitglied der CDU
Seit 1972	Mitglied des Deutschen Bundestages
1991-2000	Vorsitzender der CDU/CSU-Fraktion
1998-2000	Parteivorsitzender der CDU
2002-2005	Stellvertretender Vorsitzender der CDU/ CSU Bundestagsfraktion
Seit 2005	Bundesminister des Inneren

Am 10. Januar 2000 gibt Schäuble zu, von dem Waffenhändler Karl-Heinz Schreiber 1994 eine Barspende über 100.000 DM für die CDU entgegen genommen zu haben. Entgegen früheren Aussagen gibt Schäuble ein zweites Treffen mit dem Waffenhändler Schreiber im Jahr 1995 zu. Die ehemalige Schatzmeisterin der CDU Brigitte Bau-

meister widerspricht den Darstellungen Schäubles bezüglich der Schreiber-Spende an die CDU, was zu einem Glaubwürdigkeitsverlust Schäubles führt. Am 16. Februar 2001 erklärt Schäuble als Partei- und Fraktionsvorsitzender nicht mehr zu kandidieren.

Wolfgang Schäuble war vom 15.-18. Mai 2003 Teilnehmer auf der Bilderbergkonferenz in Versailles, Frankreich:

Informationen über die Bilderberger:

Im Jahr 1954 trafen sich die mächtigsten Individuen der Welt zum ersten Mal unter der Schirmherrschaft des niederländischen Königshauses und der Rockefeller-Familie in dem luxuriösen Bilderberg-Hotel und besprachen die Zukunft der Welt.

Seitdem trafen sie sich jedes Jahr als Bilderberg Club in einem Luxushotel irgendwo auf dem Planeten, um über die Zukunft der Menschheit zu entscheiden. 50 Jahre lang brachten die Konferenzen vormals ungekannte Dimensionen von Macht und Geld am selben Ort zur selben Zeit zusammen und offiziell wurden von den Teilnehmern niemals Informationen öffentlich gemacht über die Themen, die während den Konferenzen besprochen wurden.

Bilderberg, eine der mächtigsten Geheimorganisationen der Welt, hat ein 18-Quadratmeter-Büro mit einem einzigen Angestellten und einer einzigen Telefonleitung. Es gibt keine Webseite und kein Schild vor der Tür. Die Presse durfte das Büro niemals betreten, keine öffentlichen Erklärungen über die Schlussfolgerungen der Teilnehmer oder die Agenda der Konferenzen wurden je abgegeben. Wie kann das sein, wo doch die Mitgliederliste die mächtigsten Individuen der Welt beinhaltet?

Quellen: www.reseauvoltaire.net, www.fosar-buldorf.com, www.infokrieg.tv, www.dhm.de

Otto Schily - SPD (20.7.1932)

1980	**Mitglied »Die Grünen«**
1983-1986	**Mitglied des Deutschen Bundestages**
1987-1989	**Mitglied des Deutschen Bundestages**
1989	**Wechsel von den Grünen zur SPD**
Seit 1990	**Mitglied des Deutschen Bundestages**
1994-1998	**Stellvertretender Vorsitzender der SPD-Bundestagsfraktion**
1998-2005	**Bundesminister des Innern**

1971 verdeidigte Otto Schily den damaligen RAF-Terroristen Horst Mahler, mit dem er bereits während seines Studiums befreundet war. 1975-1977 ist Otto Schily der Vertrauensanwalt von Gudrun Ensslin (RAF). Der Abgeordnete Otto Schily übernahm auch die Verteidigung des wegen Wahlfälschung in der DDR-Diktatur verurteilten Dresdner Oberbürgermeisters Wolfgang Berghofer (SED/PDS). Nach seiner Zeit als Bundesinnenminister betätigte Schily sich im Aufsichtsrat bei den Firmen Byometric Systems AG und SAFE ID Solutions AG. Diese Firmen bieten die umstrittenen biometrischen Lösungen bzw. Lösungen zur Personalisierung von Ausweisdokumenten an. Schilys Tätigkeit für diese Firmen ist umstritten, denn als Bundesinnenminister war Otto Schily ein maßgeblicher Wegbereiter der Einführung des kontrovers diskutierten biometrischen Reisepasses, von dessen Einführung seine nunmehrigen Arbeitgeber in erheblichem Maße wirtschaftlich profitieren.

Otto Schily war in den letzten Jahren regelmäßiger Besucher der Bilderberger Treffen. So in den Jahren 2003, 2004 und 2005.

Informationen über die Bilderberger:

Im Jahr 1954 trafen sich die mächtigsten Individuen der Welt zum ersten Mal unter der Schirmherrschaft des niederländischen Königshauses und der Rockefeller-Familie in dem luxuriösen Bilderberg-Hotel und besprachen die Zukunft der Welt.

Seitdem trafen sie sich jedes Jahr als Bilderberg Club in einem Luxushotel irgendwo auf dem Planeten, um über die Zukunft der Menschheit zu entscheiden. 50 Jahre lang brachten die Konferenzen vormals ungekannte Dimensionen von Macht und Geld am selben Ort zur selben Zeit zusammen und offiziell wurden von den Teilnehmern niemals Informationen öffentlich gemacht über die Themen, die während den Konferenzen besprochen wurden.

Bilderberg, eine der mächtigsten Geheimorganisationen der Welt, hat ein 18-Quadratmeter-Büro mit einem einzigen Angestellten und einer einzigen Telefonleitung. Es gibt keine Webseite und kein Schild vor der Tür. Die Presse durfte das Büro niemals betreten, keine öffentlichen Erklärungen über die Schlussfolgerungen der Teilnehmer oder die Agenda der Konferenzen wurden je abgegeben. Wie kann das sein, wo doch die Mitgliederliste die mächtigsten Individuen der Welt beinhaltet?

Quellen: www.infokrieg.tv, www.wikipedia.de, www.bundestag.de, www.dhm.de, www.reseauvoltaire.net, www.fosar-bludorf.com

Schreiner, Ottmar - SPD (21.2.1946)

Seit 1969	**SPD-Mitglied, vorher Bundesvorstandsmitglied beim Verband Deutscher Studentenschaften und den Jungsozialisten**
Seit 1980	**Mitglied des Deutschen Bundestages**
1997-1998	**Stellvertretender Vorsitzender der SPD-Fraktion**
1998-1999	**Bundesgeschäftsführer der SPD**
Seit 2001	**Mitglied des SPD-Parteivorstandes**

Von vielen Saarländern wird Ottmar Schreiner als »letzter Linker« in der Bundestagsfraktion der SPD wie ein Heiliger verehrt. An einem Tag schlug Schreiner aber gleich zweimal über die Stränge. Einerseits diskriminierte Schreiner seinen FDP-Kollegen Westerwelle als »Schwesterwelle«, andererseits wollte Ottmar Schreiner ziemlich angetrunken bei Saarlouis als »Geisterfahrer« auf die Autobahn fahren. Die Polizei verhinderte Schlimmeres und nahm Schreiner den Führerschein ab.

Quellen: »die tageszeitung« vom 8.8.2005, www.bundestag.de

Seifert, Dr. Ilja - Die Linke (6.5.1951)

Seit 1965	FDJ-Mitglied
Seit 1975	SED-Mitglied
1980-1987	Als Inoffizieller Mitarbeiter (IM) beim Ministerium für Staatssicherheit (MfS) erfasst
1990	Abgeordneter der 10. Volkskammer der DDR
1990	Mitglied des Parteivorstandes der PDS
1990-1994	Mitglied des Deutschen Bundestages
1998-2002	Mitglied des Deutschen Bundestages
Seit 2005	Mitglied des Deutschen Bundestages

Berichten des ZDF zufolge konnte nachgewiesen werden, dass der PDS-Politiker Dr. Ilja Seifert in der SED-Diktatur für das Ministerium für Staatssicherheit tätig war. Doch das Öffentlichwerden dieser Tatsache hatte nicht die Konsequenzen, die man hätte erwarten können. Seifert blieb im Bundestag.

Der Stasi-Vorwurf gegen den sächsischen Bundestagsabgeordneten Seifert ist unumstritten, denn laut »Der Tagesspiegel« soll er seine Stasi-Mitarbeit selbst zugegeben haben.

Quellen: www.heute.t-online.de vom 15.3.2002, www.archiv14.pds-im-bundestag.de, »Der Tagesspiegel« vom 26.09.2005

Sitte, Dr. Petra - Die Linke (1.12.1960)

1979	**Mitglied der SED**
1988-1989	**Zweite Sekretärin der FDJ-Kreisleitung**
1990	**Mitglied des Stadtrats Halle (Saale)**
1990-2002	**Vorsitzende der PDS-Fraktion und Mitglied des Landtages Sachsen-Anhalt**
1997-2002	**Mitglied des Bundesvorstandes der PDS**
Seit 2005	**Mitglied des Deutschen Bundestages**

Obwohl sie als Mitglied des Landtags in Sachsen-Anhalt monatliche Bezüge von etwa 13.000 DM erhielt, wurde die PDS-Politikerin dabei erwischt, wie sie in einem Drogeriemarkt eine Cremedose in ihre Tasche steckte. Dieser Diebstahl blieb für sie allerdings ohne politische Folgen.

Quellen: »Focus« Nr. 38 vom 18.9.1995, www.landtag.sachsen-anhalt.de, »Focus« Nr. 3 vom 18.1.1999

Sager, Krista - Bündnis90/Die Grünen (28.7.1953)

1982	**Nachdem sie während ihres Studiums im Kommunistischen Bund Westdeutschlands (KBW) aktiv gewesen war, trat sie 1982 der Grün-Alternativen Liste (GAL) bei.**
1983	**Mitglied im Landesvorstand der Grün-Alternativen Liste (GAL) in Hamburg**
1994-1996	**Sprecherin des Bundesvorstandes von Bündnis90/Die Grünen**
1996-1997	**GAL-Landesvorsitzende in Hamburg**
Seit 2002	**Mitglied des Deutschen Bundestages.**

Neben Ulla Schmidt (Bündnis 90/Die Grünen), Ursula Lötzer (Die Linke) und Winfried Nachtwei (Bündnis 90/Die Grünen) war auch die Bundestagsabgeordnete Krista Sager (Bündnis 90/Die Grünen) für den Kommunistischen Bund Westdeutschlands (KBW) in den 1970er Jahren aktiv.

Das Programm, das sich der KBW 1973 gab, war ernst: »Solange die Bourgeoisie über bewaffnete Formationen zur Verteidigung des kapitalistischen Eigentums verfügt, wird das Proletariat die politische Macht mit Waffengewalt erkämpfen müssen«, hieß es darin. Dies war sogar dem Verfassungsschutz aufgefallen, der dies 1975 in seinem Verfassungsschutzbericht erwähnte.

Quellen: www.wikipedia.de, www.bundestag.de, Frankfurter Allgemeine Zeitung vom 7.3.2001

Solms, Dr. Hermann Otto - FDP (24.11.1940)

1971	**Eintritt in die FDP**
1980	**Mitglied des Deutschen Bundestages**
1985-1991	**Stellvertretender Vorsitzender der FDP-Fraktion**
1991-1998	**Vorsitzender der FDP-Fraktion**
Seit 1998	**Vizepräsident des Deutschen Bundestages**

Der Abgeordnete Dr. Hermann Otto Solms (FDP) war im Jahre 2005 auf der Mitgliederliste der Trilateralen Kommission.

Informationen über die Trilaterale Kommission:

Die Trilaterale Kommission wurde gegründet am 23. Juli 1972 von David Rockefeller, mit der Absicht, die drei Industriemotoren USA, Europa und im Gegensatz zu der Bilderberg Gruppe auch Japan zusammenzuführen. An der Kommission nehmen über 100 Mitglieder teil, die allesamt reich, mächtig und einflussreich sind. Der irische Pazifist und Nobelpreisträger Sean MacBride sagte, sie sei »von bestimmten, großen US-Banken gegründet worden und dient den finanziellen Interessen und Banken.«

Desweiteren kritisiert Senator Barry Goldwater, ein Gegner der Trilateralen:

»Was die Trilaterale Kommission wirklich will, ist die Schaffung einer Wirtschaftsmacht, die stärker ist als die politischen Regierungen der beteiligten Nationen. Als Manager und Gründer dieses Systems werden sie die Welt regieren«.

Ein ehemaliges Mitglied der CFR, Rear Admiral Chester Ward, US-Navy (im Ruhestand) legte die unheimlichen Absichten des Rates im »Review of the News« offen:

»Eine zweite Clique von internationalen Mitgliedern im CFR besteht aus den internationalen Wall-Street-Bankers und deren Schlüsselagenten. Diese wollen vor allem ein Weltbankmonopol von der Regierung, die letztlich die Weltregierung kontrollieren wird, welche immer das auch sein mag ...«

Quellen: www.postremus.com, www.esoterik24.info, www.conspiracyarschive.com

Ströbele, Hans-Christian - Bündnis 90/Die Grünen (7.6.1939)

1960er Jahre	**Engagement in der Studentenbewegung**
1970-1974	**Mitglied der SPD**
1970	**Verteidigung von RAF-Mitgliedern**
1971	**Mitwirkung bei der Gründung »die tageszeitung«**
1980	**Mitwirkung bei der Gründung der Alternativen Liste für Demokratie und Umweltschutz**
1985-1987	**Bundestagsabgeordneter für die Alternative Liste**
1990-1991	**Sprecher der Grünen**
1998	**Bundestagsabgeordneter für Bündnis 90/Die Grünen**

Nach seinem Examen trat Hans-Christian Ströbele 1967 als Referendar in die Anwaltskanzlei von RAF-Anwalt Horst Mahler ein. Er wurde zu einem der Anwälte der Außerparlamentarischen Opposition (Studentenbewegung) und zum Wahlverteidiger des RAF-Mitglieds Andreas Baader. In den RAF-Häftlingen sah er »Genossen«, wie aus seiner Korrespondenz mit diesen hervorgeht. Wegen Unterstützung einer kriminellen Vereinigung kam er 1975 für 19 Tage in Untersuchungshaft. Sechs Jahre später kam es zu dem Prozess vor der 2. Großen Strafkammer des Landgerichts Berlin. Er wurde dort zu 18 Monaten Haft auf Bewährung verurteilt. Ihm wurde vorgeworfen, Informationen zwischen den Häftlingen weitergegeben zu haben. 1982 wurde er endgültig zu 10 Monaten Haft auf Bewährung verurteilt. Trotz dieser Vorstrafe zieht er über die Alternative Liste in den Bundestag ein. Die SPD schloss ihn dagegen aus der Partei aus. 1988 war er erneut vor dem Amtsgericht Berlin-Tiergarten wegen des Verdachts auf Boykott einer Volkszählung angeklagt. Er wurde allerdings freigesprochen. Ein Jahr zuvor soll er aus einer Menge umzingelter Demonstranten ein Messer geschmuggelt haben.

Quelle: Lummer, Heinrich: »Wer selbst im Glashaus sitzt... «, S. 23-24, www.stroebele-online.de, www.morgenpost.berlin1.de vom 4.4.2003

Stübgen, Michael - CDU (17.10.1959)

Seit 1990	**Mitglied der CDU**
Seit 1990	**Mitglied des Deutschen Bundestages; Obmann der CDU/CSU-Fraktion im Ausschuss für die Angelegenheiten der Europäischen Union**
Seit 1999	**Vorsitzender des CDU-Kreisverbandes Elbe-Elster**

Dem CDU-Bundestagsabgeordneten und CDU-Kreisvorsitzenden Elbe-Elster Michael Stübgen soll eine Fahrt in angetrunkenem Zustand teuer zu stehen kommen. Presseangaben zufolge habe ihn die Polizei in der Finsterwalder Innenstadt angetrunken am Steuer erwischt.

Der Cottbuser Oberstaatsanwalt soll bestätigt haben, dass die Auswertung der Blutalkoholkontrolle einen Wert von 1,43 Promille ergab, womit Stübgen eine Straftat begangen hätte.

Die Cottbuser Staatsanwaltschaft soll daraufhin die Aufhebung der Immunität des Bundestagsabgeordneten beantragt haben, um ein Ermittlungsverfahren einzuleiten.

Im Falle einer Verurteilung drohen dem CDU-Bundestagsabgeordneten vermutlich ein neunmonatiger Führerscheinentzug und eine Strafe in der Höhe eines Netto-Monatsverdiensts.

Quelle: www.bundestag.de, Elbe-Elster Rundschau vom 11.2.2005

Tackmann, Dr. Kirsten - Die Linke (24.9.1960)

1979-1990	Mitglied der SED
Seit 2001	Mitglied der PDS
Seit 2002	Stellvertretende PDS-Kreisvorsitzende
Seit 2003	Mitglied im PDS-Landesvorstand in Brandenburg
Seit 2005	Stellvertretende Landesvorsitzende der PDS in Brandenburg
Seit 2005	Mitglied des Deutschen Bundestages

Mit Kirsten Tackmann befindet sich ein weiteres ehemaliges SED-Mitglied im Deutschen Bundestag. Seit 1979 war Tackmann SED-Mitglied und somit Mitglied einer Partei, die für unzählige Verbrechen und für eine 40jährige »realsozialistische Diktatur« verantwortlich war. Allein diese Erkenntnis sollte ausreichen, um nicht nach dem Untergang dieses Systems die Nachfolgepartei der SED, die PDS zu unterstützen, die unzählige ehemalige SED-Genossen in sich beherbergt. Bekanntermaßen auch noch ehemalige Mitarbeiter der Stasi. Mitarbeiter jenes Machtinstruments, das in der Wahl seiner Mittel weitgehende Vollmachten genoss und sogar Exekutivbefugnisse, zu welchen auch Mord und Entführung zählten.

Quellen: www.wikipedia.de, www.bundestag.de

Trittin, Jürgen - Bündnis 90/Die Grünen (25.7.1954)

	Kommunistischer Bund (KB)
Seit 1980	Mitglied der Grünen
1985-1990	Mitglied des Landtages Niedersachsen
1990-1994	Niedersächsischer Minister für Bundes- und Europaangelegenheiten
1994-1995	Mitglied des Landtages Niedersachsen und stellvertretender Fraktionsvorsitzender der Landtagsfraktion von Bündnis 90/Die Grünen
1994-1998	Sprecher des Bundesvorstandes von Bündnis 90/Die Grünen
Seit 1998	Mitglied des Deutschen Bundestages
1998-2005	Bundesminister für Umwelt, Naturschutz und Reaktorsicherheit

Der Grünen-Politiker Jürgen Trittin soll in seinem Amt als Bundesumweltminister ohne Ausschreibung mehrere Aufträge seines Ministeriums an die Wahlkampfagentur der Grünen vergeben haben. Mindestens sieben Mal soll er die Agentur »Zum Goldenen Hirschen« mit verschiedenen Kampagnen beauftragt haben. Über die Haushaltstitel 1602-54301 soll er sich das Geld besorgt haben. Allerdings stehen ihm diese Gelder nur für »Aufklärung der Bevölkerung auf den

Gebieten Umwelt, Naturschutz und Reaktorsicherheit« zur Verfügung. Die Agentur »Zum Goldenen Hirschen« konzipierte 2004 alle Landtagswahlkämpfe der Grünen und arbeitete am Wahlkampf für die europäischen Grünen sowie dem Bundestagswahlkampf mit. Außerdem erhielt sie den Rahmenvertrag zur Regierungs-PR des Bundespresseamtes und arbeitete alleine an der Kampagne zur »Agenda 2010« mit einem bisherigen Auftragsvolumen von ca. 14 Mio. Euro. Trittin belastete diesen Bereich aber auch mit einer Rechnung über 30.411,30 Euro für eine Party anlässlich der Abschaltung des Atomkraftwerkes Stade am 14. November 2003. Für eine Werbeanzeige wurde der Etat zur »Förderung von Einzelmaßnahmen zur Nutzung erneuerbarer Energien« genutzt. Dies geht aus offiziellen Unterlagen des Ministeriums hervor.

Einer Rüge des Bundesrechnungshofes sah sich Trittin gegenüber, nachdem er eine Maschine der Flugbereitschaft vom Typ »Challenger« nach Brasilien orderte, wo er sich im Oktober 2003 aufhielt. Üblicherweise dient dieser Flugzeugtyp nur zu Kurzstreckenflügen. Erst als die Maschine schon auf dem Weg war, wurde sie wieder abbestellt. Nach einem Stopp auf Gran Canaria kehrte die Maschine wieder um. Dass dies mit Recherchen eines Nachrichtenmagazins in dieser Sache zu tun habe, wurde allerdings bestritten. Der Bundesrechnungshof erklärte, dass der Schaden dieses Leerfluges sich auf 96.000 Euro belief, natürlich zu Lasten des Steuerzahlers.

Quelle: Karriereportal für Politikberatung 04/2004, Austermann, Dietrich u.a.: Die PR-Regierung. Der Medienkanzler und seine Werbe-Millionen, S. 11-12, www.juergentrittin.de, Brief aus Berlin, Nr. 9 vom 7.5.2004 Ausgabe A

Uhl, Hans-Jürgen - SPD (6.10.1951)

1973	**Eintritt in die Gewerkschaft Erziehung und Wissenschaft (GEW)**
1990	**Betriebsrat bei VW**
Seit 2002	**Mitglied des Deutschen Bundestages**

Am 4. Januar 2007 veröffentlichte die FAZ eine Meldung, wonach die Staatsanwaltschaft Braunschweig in der sogenannten VW-Affäre um Korruption und »Lustreisen« den SPD-Abgeordneten Hans-Jürgen Uhl angeklagt habe. Neben Peter Hartz sei der frühere VW-Betriebsrat Uhl damit der zweite Angeklagte in der Affäre.

Sieben Straftaten soll die Staatsanwaltschaft dem 55 Jahre alten Hans-Jürgen Uhl zur Last gelegt haben. In zwei Fällen gehe es um den Vorwurf der Beihilfe zur Untreue. Fünf falsche eidesstattliche Versicherungen soll er zudem noch abgegeben haben.

Darin soll der verheirate SPD-Abgeordnete und Vater einer Tochter erklärt haben: Als Betriebsrat bei VW habe er sich nie auf Kosten des Konzerns mit Prostituierten vergnügt.

Die russische Prostituierte »Lola« will sich hingegen noch genau an jene wilde Sexparty in einem Bungalow erinnern, an der nach ihrer Aussage Uhl anwesend war.

Uhl soll bei den Vernehmungen auch von dem früheren VW-Personalmanager Klaus-Joachim Gebauer schwer belastet worden sein. Er soll ausgesagt haben, Uhl mehrmals Bargeld für Prostituierte gegeben zu haben, u. a. einmal in Barcelona. Außerdem habe er mit Uhl vor »Lustreisen« des Betriebsrates die Örtlichkeiten inspiziert und Prostituierte ausgewählt.

Uhl soll hinreichend verdächtig sein, gewusst zu haben, dass die betreffenden Kosten dieser »Sexpartys« von Gebauer bei VW als angeblich dienstlich veranlasste Kosten abgerechnet werden würden. Uhl habe diese Leistungen damit »sehenden Auges« in Anspruch genommen, obwohl ihm die rechtswidrige Art der Kostenabrechnung bekannt gewesen sei. Weitere drei »Veranstaltungen« in Hannover seien verjährt.

Die Staatsanwaltschaft will 21 Zeugen vor dem Amtsgericht Wolfsburg aufbieten.

Bereits Mitte Dezember 2006 hatte der Bundestag seine Immunität aufgehoben und somit den Weg für eine Anklage freigemacht.

»Ein Politiker hat immer eine Vorbildfunktion. Deshalb gehört ein solcher Mann nicht ins Parlament«, äußerte der CSU-Rechtsexperte Norbert Geis und forderte den SPD-Politiker auf, den Bundestag zu verlassen.

Frühestens 2007 sei eine Hauptverhandlung zu erwarten.

Quellen: Braunschweiger Zeitung vom 28.2.2007; www.bundestag.de am 28.2.2007, FAZ vom 27.2.2007, www.bild.t-online.de am 28.2.2007

Weigel, Andreas - SPD (24.6.1954)

1994	**Mitglied der SPD**
1998-2007	**Mitglied im SPD Landesvorstand Sachsen**
2002	**Mitglied des Deutschen Bundestages**

Der SPD-Generalsekretär und Abgeordnete Andreas Weigel wurde wegen Betrugs zu einer Geldstrafe von 15.000 Euro verurteilt, da er als Regionalvorstand der Johanniter-Unfallhilfe Südwestsachsen im Herbst 2002 unberechtigte Lohnkostenzuschüsse für eine Mitarbeiterin beantragt hatte. Dadurch entstand ein Schaden von rund 10.000 Euro bei der Bundesagentur für Arbeit.

Die Äußerung Weigels, er »fühle sich nicht schuldig« und er sei »nicht kriminell« sprechen für sich.

Wenige Stunden nach seiner Verurteilung legte Andreas Weigel das Amt als Generalsekretär nieder, da er sich nun mehr auf sein politisches Mandat im Bundestag konzentrieren wolle.

Quellen: www.news.yahoo.com am 2.5.2007, Mitteldeutsche Zeitung vom 2.5.2007

Westerwelle, Dr. Guido - FDP (27.12.1961)

1980	Eintritt in die FDP
1983-1988	Bundesvorsitzender bei den Jungen Liberalen
1993-2000	Kreisvorsitzender der Bonner FDP
1994-2001	Generalsekretär der FDP
Seit 1996	Mitglied des Deutschen Bundestages
Seit 2001	Bundesvorsitzender der FDP
Seit 2006	Vorsitzender der FDP-Fraktion

Der FDP-Sprecher Robert von Rimscha teilt in einer Pressemitteilung auf der Homepage des FDP-Bundesverbandes mit, dass der Bundestagsabgeordnete und FDP-Partei- und Fraktionsvorsitzende Guido Westerwelle am 29.5.2007 zu einem Türkeibesuch aufgebrochen sei. Nach einer Begegnung mit Außenminister Abdullah Gül werde er nach Istanbul reisen, um dort an der Bilderberg Konferenz teilzunehmen.

Informationen über die Bilderberger:

Im Jahr 1954 trafen sich die mächtigsten Individuen der Welt zum ersten Mal unter der Schirmherrschaft des niederländischen Königshauses und der Rockefeller-Familie in dem luxuriösen Bilderberg-Hotel und besprachen die Zukunft der Welt.

Seitdem trafen sie sich jedes Jahr als Bilderberg Club in einem Luxushotel irgendwo auf dem Planeten, um über die Zukunft der Menschheit zu entscheiden. 50 Jahre lang brachten die Konferenzen vormals ungekannte Dimensionen von Macht und Geld am selben Ort zur selben Zeit zusammen und offiziell wurden von den Teilnehmern niemals Informationen öffentlich gemacht über die Themen, die während den Konferenzen besprochen wurden.

Bilderberg, eine der mächtigsten Geheimorganisationen der Welt, hat ein 18-Quadratmeter-Büro mit einem einzigen Angestellten und einer einzigen Telefonleitung. Es gibt keine Webseite und kein Schild vor der Tür. Die Presse durfte das Büro niemals betreten, keine öffentlichen Erklärungen über die Schlussfolgerungen der Teilnehmer oder die Agenda der Konferenzen wurden je abgegeben. Wie kann das sein, wo doch die Mitgliederliste die mächtigsten Individuen der Welt beinhaltet?

Ein weiteres heikles Kapitel dürfte für Guido Westerwelle die Akte Moritz Hunzinger sein. Hunzinger, der clevere Strippenzieher, der über beste Kontakte zu Politik und Rüstungslobby verfügt, hat mittlerweile sein riesiges Imperium verloren. Seinen Ruf hatte er schon lange verspielt und seine glänzenden Kontakte auch. Mit Sharping (SPD), Özdemir (Bündnis 90/Die Günen) und Döring (FDP) stolperten bereits drei Volksvertreter über die finanziellen Zuwendungen des Herrn Hunzinger. Auch den ehemaligen Außenminister Joschka Fischer brachte er mit einer Zuwendung in Höhe von 19.999 DM in Bedrängnis. Das war sicherlich nur die Spitze des Eisbergs, denn laut Hunzinger gab es »sicher 600 Empfänger auf Seiten des Staates«. Dabei handele es sich um politische Entscheidungsträger, Richter, Beamte, und Militärs.

Einer der Top-Lieferanten des Lobbyisten war wohl Guido Westerwelle. Der FDP-Parteichef und Bundestagsabgeordnete habe sich laut Hunzinger 20-30 mal im Auftrag der Hunzinger Information AG mit Kunden getroffen. Der Name Guido Westerwelle ließ sich mit einer Gesamtsumme von 29.999 Mark auf der internen Scheckliste finden.

Ein Scheck Nummer 43869028 sorgte jedoch für große Furore - am 12. März 1996 wurde ein Scheck auf Guido Westerwelle ausgestellt, der mit 9999,99 DM nur einen Pfennig unter der damals geltenden 10000 DM Grenze lag. Ab dieser Summe war es Pflicht, Spenden für ihre politische Tätigkeit dem Bundestagpräsidenten zu melden. Nun stellt sich die Frage nach dem Hintergrund dieser Finanztransaktion und ihrer Geheimhaltung. Warum blieb diese damalige Transaktion mit nur einen Pfennig unter der Meldepflicht? Zu der Aufklärung wollte der FDP-Chef nur wenig beitragen.

Quellen: »Focus« vom 10.4.2005, www.FDP-Bundesverband.de vom 29.5.2007, www.inkokrieg.tv

Winkelmeier, Gert - Fraktionslos (28.3.1956)

1972	**Eintritt in die Sozialistische Deutsche Arbeiterjugend (SDAJ)**
1973-1990	**Mitglied der Deutschen Kommunistischen Partei (DKP)**
1998	**Eintritt in die PDS**
2003	**Mitglied des PDS Landesvorstandes und Landesschatzmeister der PDS in Rheinland Pfalz**
Seit 2005	**Mitglied des Deutschen Bundestages für die Fraktion »Die Linke«**
2006	**Fraktionslos**

Am 15. Dezember 2005 donnerte Petra Pau (42), Vizefraktionschefin der Partei »Die Linke«, im Bundestag: »Die Linkspartei.PDS ist gegen Prostitution.«

Was sie jedoch nicht wusste: Ihr Fraktionsgenosse Gert Winkelmeier aus Rheinland-Pfalz ist Mitbesitzer eines Hauses in Neuwied-Engers, in dem Frauen Sex gegen Geld anbieten.

Gegen den Bundestagsabgeordneten Gert Winkelmeier aus Neuwied hat die Staatsanwaltschaft einen Strafbefehl wegen Steuerhinterziehung erlassen. Der Abgeordnete soll 90 Tagessätze zu je 100 Euro zahlen. Im Februar 2006 war Gert Winkelmeier wegen einer »Bordell-Affäre« in die Kritik geraten. Winkelmeier, der zu dieser Zeit für die Linksfraktion im Bundestag saß, war Mitbesitzer eines Gebäudes in Neuwied, in dem drei Prostituierte arbeiteten.

Zeitungsberichten zufolge war die Staatsanwaltschaft aktiv geworden, weil Winkelmeier versucht haben soll, 1997 und 1998 etwa 3.400 Euro an Steuern zu hinterziehen. Zudem sei es um ungeklärte Geldflüsse in Höhe von 80.000 Euro gegangen und den Verdacht, dass Winkelmeier auch 1999 und 2000 den Staat habe prellen wollen.

Laut Agenturangaben räumte Winkelmeier ein, dass es bei den Steuererklärungen Probleme gegeben habe. »Außer Blödheit habe ich mir nichts vorzuwerfen« zitiert die dpa Winkelmeier.

Die Staatsanwaltschaft Koblenz wollte mit Hinweis auf das Steuergeheimnis keine weiteren Angaben zu dem Ergebnis der Ermittlungen machen.

Aus diesem Grund trat der Bundestagsabgeordnete aus der Linksfraktion aus, behielt aber sein Bundestagsmandat.

Dass er sein Bundestagsmandat nicht niederlegte, begründete Winkelmeier mit dem Kommentar: Er sei sowohl seinen Wählern, wie auch Parteimitgliedern verpflichtet, die für ihn im Wahlkampf aktiv gewesen seien.

Quellen: www.swr.de, 9.2.2007; www.bundestag.de am 4.3.2007; netzeitung.de, 12.2.2006 und 19.1.2006, www.petrapau.de (Rede von Petra Pau am 15. Dezember 2005 im Deutschen Bundestag)

Wissmann, Matthias - CDU (15.4.1949)

1965	Eintritt in die Junge Union
1968	Eintritt in die CDU
1973-1983	Bundesvorsitzender der Jungen Union
1975-2007	Mitglied im CDU-Bundesvorstand
Seit 1976	Mitglied des Deutschen Bundestages
1983-1993	Wirtschaftspolitischer Sprecher der CDU/CSU-Fraktion
1988-2000	Bundesschatzmeister der CDU
Seit 1991	Stellvertretender Landesvorsitzender der CDU Baden-Württemberg
1993	Bundesminister für Forschung und Technologie
1993-1998	Bundesminister für Verkehr
Juni 2007	Aus dem Deutschen Bundestag ausgeschieden

Wissmann ist als Partner im Berliner Büro der internationalen Rechtsanwaltssozietät WilmerHale mit dem Schwerpunkt »Liberalisierung und Deregulierung von Märkten und Industriezweigen mit den sich daraus ergebenden strategischen und rechtlichen Konsequenzen« tätig.

Wissmann gehört den Beiräten der Energie Baden-Württemberg AG Karlsruhe und der Rolls-Royce Plc, London sowie dem Aufsichtsrat der Seeburger AG Bretten an. Ebenfalls ist er Mitglied im Beirat der Baden-Württembergischen Bank und der Landesbank Baden Württemberg. Er ist Mitglied im Kuratorium der »Atlantik-Brücke e.V.«. Zum Präsidenten des Verbandes der Automobilindustrie wurde er am 26. März 2007 gewählt. Er hat das Amt am 1. Juni 2007 angetreten und schied zeitgleich aus dem Deutschen Bundestag aus.

Parteien können in Deutschland Gelder (Spenden) in unbegrenzter Höhe entgegennehmen, auch wenn große Spenden häufig im Ruch der Korruption stehen, so wird diese im strafrechtlichen Sinne regelmäßig nicht nachweisbar sein. So zum Beispiel gab 1998 der Großunternehmer Ehlerding, fast gleichzeitig mit dem Abschluss eines für ihn besonders günstigen Milliardengeschäfts mit dem Staat, 5,9 Millionen DM an die CDU, deren Minister Wissmann dieses Geschäft befürwortet hatte. Dabei ging es um den Verkauf der Bundeseigenen Eisenbahnerwohnungen. Obwohl er eine Milliarde DM mehr geboten hatte, war ein Mitbewerber von Ehlerding nicht zum Zuge gekommen. Dass die entsprechenden Unterlagen vernichtet wurden, machte nachdenklich. In den »gesäuberten« Regierungsakten findet sich nicht mehr über diese doch recht gewichtige Entscheidung als bisher ermittelt wurde.

Im März 1989 verhängte das Stuttgarter Amtsgericht über Matthias Wissmann wegen steuerrechtswidriger Wahlkampffinanzierung einen Strafbefehl über 60 Tagessätze zu je 180 Mark. Wissmann stieg trotz dieser Verurteilung auf und wurde sogar Minister und Schatzmeister seiner Partei.

Wissmann gehört zu den häufigen Teilnehmern der Bilderbergerkonferenz. Der Bundestagsabgeordnete nahm mindestens in den Jahren 1998, 2004 und 2005 daran teil.

Informationen über die Bilderberger:

Im Jahr 1954 trafen sich die mächtigsten Individuen der Welt zum ersten Mal unter der Schirmherrschaft des niederländischen Königshauses und der Rockefeller-Familie in dem luxuriösen Bilderberg-Hotel und besprachen die Zukunft der Welt.

Seitdem trafen sie sich jedes Jahr als Bilderberg Club in einem Luxushotel irgendwo auf dem Planeten, um über die Zukunft der Menschheit zu entscheiden. 50 Jahre lang brachten die Konferenzen vormals ungekannte Dimensionen von Macht und Geld am selben Ort zur selben Zeit zusammen und offiziell wurden von den Teilnehmern niemals Informationen öffentlich gemacht über die Themen, die während den Konferenzen besprochen wurden.

Bilderberg, eine der mächtigsten Geheimorganisationen der Welt, hat ein 18-Quadratmeter-Büro mit einem einzigen Angestellten und einer einzigen Telefonleitung. Es gibt keine Webseite und kein Schild vor der Tür. Die Presse durfte das Büro niemals betreten, keine öffentlichen Erklärungen über die Schlussfolgerungen der Teilnehmer oder die Agenda der Konferenzen wurden je abgegeben. Wie kann das sein, wo doch die Mitgliederliste die mächtigsten Individuen der Welt beinhaltet?

Quelle: www.infokrieg.tv, www.bundestag.de, www.wikipedia.de, Rhein-Zeitung vom 14.11.2000, Hans Herbert von Arnim - Die neue Parteienfinanzierung (www.arnimvon.de/Neueparteienfinanzierung.htm), www.bilderberg.org, www.fosar-bludotf.com,

Anhang I

Von vielen PDS-Mitgliedern ist in den letzten Jahren bekannt geworden, dass sie als IM für das Ministerium für Staatssicherheit tätig waren. Nicht selten richteten sie ihre Aufmerksamkeit auch auf Menschen in ihrem Umfeld, die aus der DDR fliehen wollten. Das Bespitzeln von Ausreisewilligen bekommt im Hinblick auf die noch in den 80er Jahren vollzogenen Tötungen nun eine völlig neue Dimension. Wäre von diesen ehemaligen Stasi-Mitarbeitern nicht zu erwarten, dass sie sich - öffentlich - mit diesem dunklen Kapitel der SED-Diktatur auseinandersetzen? Wie glaubwürdig kann ein Politiker sein, der mit dem Wissen um das Ausmaß der Gewalt dieses Staates seine IM-Aktivitäten verharmlost?

Doch die Praxis der PDS scheint einen gegenteiligen Trend zu bestätigen. Viele PDS-Politiker, deren Stasi-Vergangenheit aufgedeckt wurde, legen ihre Ämter nicht freiwillig nieder oder ziehen sonstige Konsequenzen. Nicht selten erhalten diese Funktionäre von der Partei die nötige Rückendeckung. An die Stelle von kritischer Vergangenheitsbewältigung tritt offensichtlich Verdrängung und Verharmlosung. Nachfolgend die Dokumentation eines der schrecklichsten Kapitel des SED-Staates:

Hinrichtungen im SED-Staat

Hinrichtungen im SED-Staat waren ein Staatsgeheimnis. Anfang der neunziger Jahre wurde bekannt, dass Leipzig-Connewitz bis in die 80er Jahre hinein die zentrale Hinrichtungsstätte im SED-Staat war. Genauer: das Gefängnis in der Alfred-Kästner-Straße.

Seit 1960 wurden in der Hinrichtungsstätte »Alfred-Kästner-Straße« Todesurteile des SED-Staates vollstreckt. »Bis 1967 wurden die Urteile mit der Guillotine vollstreckt, wobei Anfang der 1950er Jahre mehrmals das Fallbeil im Nacken des Opfers stecken blieb. Nach einer neuen Vollstreckungsordnung wurde dann mit dem sogenannten 'unerwarteten Nahschuss' exekutiert. Eine Besonderheit der DDR-Justiz. Nur zwei kurze Sätze des Staatsanwaltes kündigten den Todeskandidaten ihr nahes Ende an: - Das Gnadengesuch ist abgelehnt. Ihre Hinrichtung steht unmittelbar bevor. - Der Henker trat dann unbemerkt durch eine Tür von hinten heran. Er führte die Mündung seiner Pistole nahe an den Hinterkopf seines ahnungslosen Opfers und drückte ab. Ab Anfang der 60er Jahre wurden in der DDR alle

Todesurteile in einer geheimen Hinrichtungskammer im Keller eines Leipziger Gefängnisses vollstreckt.«[1)]

Die Verankerungen der Pritsche und der Porzellanausguss im Fußboden, damit das Blut abfließen konnte, erinnern noch heute im Leipziger Gefängnis an die Guillotine.

Die genaue Zahl der Hinrichtungen ist bis heute nicht bekannt. Bisher konnten 63 der in Leipzig Hingerichteten identifiziert werden.

Betrachtet man die Liste der Hingerichteten, so scheint die Todesstrafe in der SED-Diktatur ein Mittel gewesen zu sein, um Systemgegner besonders effizient zu bekämpfen. Ein strafrechtliches Verfahren hat es oftmals nicht gegeben und auch wenn es einen Prozess gab, hielten sich die Richter an die Vorgaben des Politbüros, namentlich Walter Ulbricht (SED).

Warum wurden jene Urteile im Geheimen vollzogen? Die Todesstrafe hätte sicherlich das menschenfreundliche Bild gestört, das der »realsozialistische« Staat von sich selbst entworfen hatte. Durch die Geheimhaltung sollten unangenehme Fragen nicht nur aus dem Ausland, sondern auch von der eigenen Bevölkerung verhindert werden.

Sachsens Justizminister Manfred Kolbe: »Denn egal wer hier hingerichtet worden ist, ob das Verbrecher oder Unschuldige waren: Sie sind in nicht rechtstaatlichen Verfahren verurteilt worden. Die Todesstrafe ist in vielen Fällen vom Politbüro verhängt worden. Es gibt einen Fall, in dem Ulbricht (SED) ein Urteil ohne den Täter zu kennen von Lebenslänglich in Todesstrafe umgewandelt hat. Das sind alles Dinge, die einem Rechtsstaate hohn sprechen.«

»Wie sich Walter Ulbricht (SED) zum Herrn über Leben und Tod machte, offenbaren Dokumente vom Juni 1955, die der Staatsratsvorsitzende unmittelbar vor einem Strafverfahren vor dem Obersten Gericht der DDR-Diktatur bearbeitete. Den zehn Angeklagten wurde vorgeworfen, sie seien Mitglieder der West-Berliner 'Kampfgruppe gegen Unmenschlichkeit' gewesen, hätten Spionage betrieben und Sabotageakte geplant. In einem Schreiben schlug eine Kommission dem Gericht und Ulbricht einmal die Todesstrafe, zweimal lebenslang, viermal zwischen 15 und zehn Jahre, einmal 15, einmal 12 und einmal acht Jahre Zuchthaus vor. Doch dem SED-Staatsratsvorsitzenden erschien das zu milde: In einem Fall strich er 'lebenslängliches Zuchthaus' und schrieb darüber 'Vorschlag Todesstrafe'. Bei einem anderen Angeklagten, für den das Strafmaß zehn bis 15 Jahre vorgesehen war, machte er durch Wiederholungszeichen seine Forderung nach Todesstrafe deutlich. Erst dann schrieb der Generalsekretär unter die Dokumente 'einverstanden W. Ulbricht'. Das Gericht hielt sich streng an die Vorgabe: Im Juni und im September 1955 wurden drei Männer in Dresden geköpft. Mit zwei Wörtern und zwei Strichen verurteilte der kommunistische Parteichef zum Tod.«[2)]

Nach dem Sturz der SED-Diktatur brachte eine Anzeige von Mitarbeitern des Krematoriums des Südfriedhofs diese Ereignisse ans Licht. Bis Anfang der 80er Jahre wurden dort immer wieder unbekannte Leichen verbrannt. Beim damaligen DDR-Generalstaatsanwalt fanden sich drei Aktenordner im Panzerschrank, die u. a. Protokolle der Hinrichtungen und Abschiedsbriefe der Todeskandidaten beinhalten, die niemals zugestellt wurden.

Ab Mitte der siebziger Jahre wurde die Todesstrafe nur noch bei »Hochverrat« ausgesprochen, wie 1981 im Fall Werner Teske, der sich in den Westen absetzen wollte. Ein geheimes Militärtribunal verurteilte ihn 1981 zum Tode. Die Urteile standen allesamt schon vorab fest. Die Prozesse waren nur noch Formsache.

In Leipzig wurden u. a. hingerichtet:

Manfred Smolka am 12.07.1960, Manfred Leisner am 17.11.1972, Gert Trebeljahr am 10.12.1979, Winfried Baumann am 18.07.1980, Dr. Werner Teske am 26.6.1981, Armin Raufeisen (Tod in Haft) am 12.10.1987. Alle wurden wegen Fluchtvorbereitung, bzw. auf der Flucht verhaftet oder nach erfolgreicher Flucht aus der DDR entführt und im SED-Staat hingerichtet.

In Dresden wurden u. a. hingerichtet:

Raul Rebenstock am 5.3.1954, Heinz-Georg Ebeling am 17.5.1955, Paul Köppe am 17.5.1955, Karl-Albrecht Tiemann am 26.07.1955, Bruno Krüger am 14.09.1955, Susanne Krüger am 14.9.1955, Johannes Schmidt am 22.12.1955, Werner Flach am 11.2.1956, Sylvester Murau am 16.5.1956. Auch sie wurden wegen Fluchtvorbereitung, bzw. auf der Flucht verhaftet oder nach erfolgreicher Flucht aus der DDR entführt und im SED-Staat hingerichtet.

Von 1952 bis 1956 starben in der zentralen Hinrichtungsstätte der DDR-Justiz am Münchner Platz in Dresden 66 Menschen unter der Guillotine.

Belegt ist, dass 205 Menschen im SED-Staat zum Tode verurteilt und anschließend exekutiert wurden.

Die SED firmiert jetzt als PDS! Die Hinrichtungen im SED-Staat fanden auch noch statt, als die PDS-Größen Bisky, Gysi und Luft SED-Mitglieder waren. Wie steht die Partei heute zu diesen Ereignissen?

1) MDR, 12.3.2002
2) Bundesverband Deutscher Landwirte e. V., Pressemitteilung vom 19.12.2002

Anhang II

Die PDS ist die Nachfolgeorganisation der einstigen SED. Auch im propagandistischen Sinne hat ihr antifaschistischer Kampf wie einst bei der SED hohe Priorität. Nachfolgend ein Einblick in die praktische Arbeit der einstigen SED-Diktatur. Wie glaubwürdig erscheint im Anblick dieser Dokumentation der antifaschistische Kampf der Bundestagsfraktion der PDS, welche die Nachfolge der SED angetreten hat.

Antifaschismus im SED-Staat

Aktenfunde im ehemaligen SED-Parteiarchiv und Dokumente aus den Beständen des Bundesbeauftragten für die Unterlagen des Staatssicherheitsdienstes der DDR (Stasi) beweisen die Verstrickung der linken SED-Diktatur in antisemitische Hetzkampagnen gegen die jüdische Gemeinde in München im Jahr 1961.

Die große Aktion beginnt: Die Vorgeschichte dieser Episode deutscher Nachkriegsgeschichte begann in Budapest. Dort versammelten sich am 19. Juli 1960, zwei Monate nach der Entführung Adolf Eichmanns in Argentinien, die Außenminister der Warschauer-Pakt-Staaten. Dabei verabredete das sozialistische Lager, die »Affäre Eichmann« propagandistisch auszunutzen. Die gemeinsame Marschroute legte das Außenministerium des SED-Staates fest: »Es muss unser Ziel sein, aus dem Prozess gegen Eichmann im Kampf gegen den westdeutschen Neofaschismus so viel wie möglich herauszuholen.«

Eichmann wurde am 11. April 1961 vor ein israelisches Gericht gestellt. In dieser Situation würden antisemitische Umtriebe dem Ansehen Westdeutschlands schweren Schaden zufügen. Und genau das beabsichtigte der SED-Staat. Am Tag des Jerusalemer Prozessbeginns beschäftigte sich auch das Politbüro der SED mit Eichmann. Unter dem Vorsitz des Parteichefs Walter Ulbricht beschloss die SED eine »Kampagne zum Prozeß gegen Eichmann«. Albert Norden, der SED-Beauftragte für Propaganda, wurde mit der Durchführung der Kampagne betraut. Jetzt ging alles ganz schnell. Die Stasi-Hauptabteilung XX/4 unter der Führung des späteren DDR-Geheimdienstchefs Markus Wolf schlug am 3. Mai »im Rahmen der Aktion 'Vergißmeinnicht'« vor, einen Rundbrief an westdeutsche Alt- und Neonaziorganisationen zu verschicken. Darin sollten die westdeutschen »Rechtsextremen« aufgefordert werden, »gemeinsam« finanzielle Mittel zur Verteidigung Eichmanns zu schaffen und durch eine antisemitische Welle die Notwendigkeit der Judenvernichtung propagandistisch zu rechtfertigen«. Mit dem Parteinamen der »Deutschen Reichspartei« wollte die Stasi unterzeichnen. Seit dem 20. April lag ein weiterer Brief in den Schubladen des SED-Staates. Der Inhalt lautet: »Wir sind Kameraden der Waffen-SS, die es auf sich genommen haben, der Beschimpfung des deutschen Namens und der deutschen Ehre ein Ende zu setzen. (...) Das internationale Judentum mit seiner Plutokratie verbreitet Schauermärchen. Mit dem Prozess gegen Eichmann will die jüdische Unterwelt unsere Ehre, die Treue heißt, besudeln. Damit muss Schluss gemacht werden!« Außerdem verschickte die Stasi antisemitische Hetzbriefe an jüdische Gemeinden und Privatpersonen in Westdeutschland. Die Präsidentin der Israelischen Kultusgemeinde in München, Charlotte Knobloch, bestätigte, dass auch die Juden der bayerischen Landeshauptstadt zu dem Empfängerkreis dieser Schreiben gehörte. Die Operation lief unter dem Namen »Aktion 'J'«. Ein Mitarbeiter der SED-Stasi hatte auf einer Reise nach München die Opfer-Adressen recherchiert. Dem Agenten, der anscheinend über sehr gute Kontakte innerhalb der Gemeinde verfügte, hatte man den Befehl erteilt, »Adressen Jüdischer der Stadt München« zu beschaffen. Weiterhin hatte der Spion eine »Aufklärung des jüdischen Viertels in München« und die »Resonanz auf den Eichmann-Prozess in Israel unter den jüdischen Bürgern der Stadt München« durchzuführen.

Im Berliner Stasi-Archiv befindet sich der Abschlussbericht der »Reise« vom 15. Mai 1961.

Wie in der Aktion »Vergißmeinnicht«, unterzeichnete die Stasi mit Namen bekannter westdeutscher Nationalisten. Auch dieser Personenkreis wurde von dem DDR-Geheimdienst beobachtet.

Im SED-Staat wurden folgende scheußliche Hetzbriefe aufgesetzt und abgeschickt (auf Anraten unserer Rechtsanwälte wurde der folgende Text - kursiv gedruckt - in den Konjunktiv gesetzt! Sowohl die Autoren, als auch der Verlag distanzieren sich von dem Inhalt dieses Briefes):

Offensichtlich hätten die Juden immer noch nicht begriffen, dass sie »aus Deutschland zu verschwinden« hätten. Es hätte ihnen »wohl nicht gereicht, dass wir 6 Millionen von« ihnen »vergast haben«! Hätten wir mehr von ihnen in der »Sonderbehandlung« gehabt, würde schon heute niemand über sie reden. Ihre »Ausrottung« sei nur durchbrochen worden. Wir (die Deutschen) würden sie alle kennen!

Jetzt wollen sie »über unseren Kameraden Eichmann triumphieren. Wir werden ihn rächen.« Ihn (den Empfänger des Rundschreibens) hätten wir schon vorgemerkt. Deutschland solle »erwachen«! - Unterzeichnen wollte die Stasi den Hetzbrief mit dem Namen eines NS-belasteten Juristen aus Bad Kissingen.

Die Stasi der SED-Diktatur hatte sich aber auch kurze Hasstiraden ausgedacht:

»Die Hetze von Euch Juden« würde »unerträglich«. Wir hätten »doch nicht genug vergast«.

Oder: *Ob sie noch nicht genug hätten, »Ihr Judenschweine«? »Fünf Millionen« reichten »Euch wohl nicht? Dich« habe »man wohl vergessen zu vergasen?«*

Auch um die Resonanz auf die »Aktion J« kümmerte sich die Hauptabteilung XX mit deutscher Gründlichkeit. Die Stasi im SED-Staat entwarf sogar die »jüdischen« Protestbriefe. Darunter befinden sich Schreiben von »verängstigten Juden«, die Deutschland verlassen wollten. Die Absicht, die hinter diesem Schreiben lag, war klar.

Natürlich wurden diese Briefe anonym versandt. Die geschickte Tarnung wurde glaubhaft in den Briefen begründet: »Ich getraue mich nicht, meinen Absender anzugeben, sonst so befürchte ich, könnten noch schmutzigere Angriffe gegen mich stattfinden.«

Der kriminelle Einfallsreichtum der Stasi war geradezu grenzenlos. Am Münchener Stachus verteilte ein angeblicher »Kamerad der SS« Flugblätter. Auch als Reaktion auf diese - Stasi-eigene Aktion - hatte die Zentrale im SED-Staat die Antwortbriefe schon selbst verfasst: »Ich habe eines der Flugblätter an die 'Kameraden der SS' in die Hand gedrückt bekommen (...). Den Mann habe ich gesehen, der sie verteilte. Solche Gesichter kenne ich noch aus Dachau und Buchenwald. Das kann 1961 am Stachus in München, zu einer Zeit, in der Eichmann gerichtet wird, geschehen?«

Schon Weihnachten 1959 hatte eine antisemitische Kampagne in der Bundesrepublik Deutschland stattgefunden. Das Strickmuster war das Gleiche wie 1961. Es dürfte wohl ein »Mangel an Interesse« in den Herrscherkreisen der BRD bestehen, all diese Stasi-Aktionen aufzudecken. Offensichtlich lässt es sich damit sehr gut leben.

Auszug aus dem Tätigkeitsbericht des in die Münchener jüdische Gemeinde eingeschleusten Stasi-Mitarbeiters:

»Berlin, den 15.5.1961

Bericht/61

I. Auftrag der Reise:

Auftragsgemäß wurden vom 7.-10.5.1961 in München/Bayern folgende Aufträge erfüllt:

a) Beschaffung von Adressen jüdischer Bürger der Stadt München
b) Beschaffung von Adressen israelischer Bürger, die Kontakte zur Israelischen Kultusgemeinde in München unterhalten
c) Aufklärung des jüdischen Viertels in München
d) Resonanz auf den Eichmann-Prozess in Israel unter jüdischen Bürgern der Stadt München.

Die Aufträge wurden im wesentlichen erfüllt, die Kürze des Aufenthaltes verhinderte ausführliche Aufklärung zur Aufgabe d).

II. Verlauf der Reise:

zu a) u. b). Im Anhang befinden sich die Adressen jüdischer Geschäftsleute in München, die Mitglieder der IKG München sind. Fast alle Personen sind ehemalige Insassen faschistischer Konzentrationslager. Sie verfügen über weitreichende internationale Verbindungen in familiärer bzw. geschäftlicher Hinsicht aus der gemeinsamen Haft bzw. Ghetto-Aufenthaltes (Anlage 1) ...«

Bereits 1959 startete der Kommunistische Geheimdienst KGB gemeinsam mit den Spionen des SED-Staates eine andere antifaschistische Progagandaaktion:

Es begann in Köln: Weihnachten 1959 beschmierte der Bäckergeselle Arnold Strunk (25) die Synagoge mit der Parole: Deutsche fordern: Die Juden sollten raus. Er wurde später zu zehn Monaten Gefängnis verurteilt. Arnold Strunk gab damals zu, angestiftet worden zu sein. Seine Hintermänner nannte er nicht. In den Wochen danach kam es in Deutschland zu einer Welle von Hakenkreuz-Schmierereien. Viele Juden erhielten Schmähbriefe. Bis Februar 1960 wurden 833 »antisemitische Akte« registriert. Die Aktionen hörten ganz plötzlich auf. Die Folge: Jüdische Firmen im Ausland brachen ihre Beziehungen zu deutschen Fabrikanten ab und entließen deutsche Arbeitskräfte.

Die New Yorker »Herald Tribune« schrieb damals: »Bonn unfähig, das Nazigift auszuräumen«. Der US-Schriftsteller Sandburg verlangte sogar die Todesstrafe für Synagogenschänder.

Erst 14 Jahre später stellte sich heraus, dass es sich bei den Anstiftern zu dieser Tat um kommunistische Agenten des KGB und der SED-Diktatur handelte. Diese sensationelle Enthüllung machte der ehemalige US-amerikanische Abwehr-Offizier John Barron in seinem Buch »KGB«.

Quellen: »Münchener Stadtanzeiger« vom 9.12.1993, Gordiewski/ Andrew - KGB, die Geschichte seiner Auslandsoperationen von Lenin bis Gorbatschow

Anhang III

Einige Genossen im Bundestag sind, oder waren Mitglied Kommunistischer Parteien und Gruppierungen. Einige davon in der DKP, die beste Verbindungen zur SED-Diktatur hatte. Um die Gefährlichkeit dieser in den Verfassungsschutzberichten genannten Organisation zu dokumentieren, haben wir diesem Buch diesen Anhang angefügt:

Der militärischer Arm der DKP

Die DKP unterhielt über mehrere Jahrzehnte einen militärischen Arm »Ralf Forster«, der eng mit Ungarn, der CSSR und der DDR zusammenarbeitete. Während jedoch die CSSR und Ungarn den Kontakt beendeten, weil das Verhältnis zur BRD sich verbesserte, wurde die Zusammenarbeit mit der DDR noch intensiver. Nach Aussagen des Sprechers von Marianne Birthler, Bundesbeauftragte für die Stasiunterlagen, wurden nähere Informationen über die gemeinsame Arbeit von DKP und SED gefunden. So sollte die so genannte Gruppe »Ralf Forster« verlässliche DKP-Mitglieder für militärischen Aufgaben auswählen. Betreut wurde diese Gruppe direkt durch das ZK der SED, wobei nur wenige Mitglieder eingeweiht waren. Das Ministerium für Staatssicherheit unterstützte die Gruppe mit großem finanziellem Aufwand und organisierte die konspirativen Umstände für die militärische Ausbildung. Theoretischen Unterricht erhielten die ausgewählten Mitglieder in Ost-Berlin, praktische Übungen fanden am Springsee in Brandenburg statt. Sechs Mal im Jahr soll die militärische Ausbildung mit jeweils zwei bis sechs Kämpfern stattgefunden haben. Mit Decknamen gelangten die Teilnehmer in die DDR, wie viele es tatsächlich waren, ist unklar. Es fanden aber insgesamt 1312 Schleusungen von Personen zu diesem Zweck statt. Der Umgang mit Waffen und Sprengstoff wurde genauso unterrichtet, wie das Verwischen von Spuren, gezielte Tötung von Menschen und Tarnung. So sollte die Ermordung von »reaktionären Führungspersönlichkeiten des kapitalistischen Systems« ermöglicht werden, genauso wie der Einsatz von Kleinkampftruppen in Ballungsgebieten. Ob es tatsächlich zu Aktionen der Gruppe »Ralf Forster« in der BRD kam, ist unklar. Die Forschung zu diesem Thema wird dadurch erschwert, dass seitens der Stasi kurz vor dem Sturz der SED-Diktatur die meisten Unterlagen vernichtet wurden.

Quelle: Hamburger Abendblatt vom 18.5.2004, FAZ vom 19.5.2004

Anhang IV

Die nachfolgende Liste gibt einen Überblick darüber, welche Bundestagsabgeordneten eine kommunistische Vergangenheit haben, oder ursprünglich in der Regierungspartei der DDR-Diktatur (SED) Mitglied waren.

Deutsche Kommunistische Partei (DKP)

Gert Winkelmeier

Eva Bulling-Schröter

Paul Schäfer

Kommunistische Partei Deutschlands (KPD)

Wolfgang Gehrcke

Kommunistischer Bund Westdeutschlands (KBW)

Claudia Roth

Ulla Lötzer

Krista Sager

Winfried Nachtwei

Kommunistischer Bund (KB)

Ulla Jelpke

Jürgen Trittin

Sozialistische Einheitspartei Deutschlands (SED)

Lohar Bisky

Gregor Gysi

Petra Pau

Ilja Seifert

Petra Sitte

Heidrun Bluhm

Dietmar Bartsch

Martina Bunge

Roland Claus (Stasi)
Dagmar Enkelmann
Lutz Heilmann (Stasi)
Katrin Kunert
Barbara Höll
Gesine Lötzsch
Elke Reinke
Kirsten Tackmann

Anhang V

Mitglieder und ehemalige Mitglieder des Deutschen Bundestages auf den Bilderberg Treffen 1982, 1988-2007

	2007	2006	2005	2004	2003	2002	2001	2000	1999	1998	1997	1996	1995	1994	1993	1992	1991	1990	1989	1988	1982
Biedenkopf, Kurt																x					
Engholm, Björn - SPD																	x				
Glotz, Peter - SPD																		x			
Hausmann, Helmut - FDP												x						x			
Klaeden, Ekhart von - CDU/CSU	x																				
Kohl. Helmut - CDU																				x	
Lamers, Karl - CDU													x								
Merkel, Angela - CDU/CSU			x																		
Pflüger , Friedbert - CDU/CSU		x	x																		
Ploetz, Hans Friedrich													x								
Rühe, Volker - CDU														x	x	x	x				
Schäuble, Wolfgang - CDU/CSU					x																
Scheel, Walter - FDP																					x
Schilly, Otto - SPD		x	x	x	x																
Sharping, Rudolf - SPD									x												
Spath, Lothar - CDU														x							
Teufel, Erwin - CDU																	x				
Verheugen, Gunther - SPD													x								
Voigt, Karsten - SPD																				x	
Voschherau, Henning												x									
Westerwelle, Guido - FDP	x																				
Wissmann, Mathias - CDU			x	x						x											
Wörner, Mannfred - CDU														x	x						

Anhang VI

Mitglieder und ehemalige Mitglieder des deutschen Bundestages auf der Trilateralen Kommission 1995-2007

	2007	2006	2005	2004	2003	2003	2002	2001	2000	1999	1998	1997	1996	1995	1991-99	
					10:04	00:10									zwischen	
Emke, Horst - SPD															xx	
Fuchs, Michael - CDU		x	xx		x	x	x	xx			x			xx		
Gerhardt, Wolfgang - FDP		x														
Hornhues, Karl Heins - CDU														xx	xx	
Hornues, Karl Heinz - CDU																
Köhler, Horst (kein MDB)											x			xx		
Lahnstein, Manfred - SPD					x	x	x	xx						xx		
Lambsdorff, Count Otto - FDP		x	xx			x		xx						xx		
Narjes, Karl Heinz - CDU															xx	
Porzner, Konrad - SPD															xx	
Rexrodt, Gunter - FDP					x	x	x	xx								
Riesenhuber, Heinz - CDU		xx	xx		x	x		xx			xx					
Rühe, Volker - CDU															xx	
Schäuble, Wolfgang - CDU															xx	
Schröder, Gerhard - SPD															xx	
Solms, Hermann Otto - FDP			xx												xx	
Stoltenberg, Gerhard - CDU															xx	
Voigt, Karsten - SPD		xx	xx				x	xx			x			xx	xx	
Wieczorek, Norbert - SPD		x	xx		x	x		xx			x			xx	xx	
Merkel, Angela				x												

xx = bisher nicht bestätigte Information

© VAWS 2007